优秀班主任的治班之道

杜金柱　主编

编委会（按姓氏音序排序）

韩馨逸	姜卫红	金隽如	考宁宁
李惠娟	刘国栋	李珂慧	牟晓敏
祁　培	曲　霞	宋　平	隋　晶
陶春琳	王　睿	王晓琳	吴敬霞
徐　燕	许方旭	杨化涛	于　梅
赵连友			

中国海洋大学出版社
·青岛·

图书在版编目（CIP）数据

优秀班主任的治班之道／杜金柱主编 . —青岛：
中国海洋大学出版社，2019. 9 (2020.7重印)
ISBN 978-7-5670-2423-6

Ⅰ. ①优⋯　Ⅱ. ①杜⋯　Ⅲ. ①班主任工作－研究
Ⅳ. ①G451. 6

中国版本图书馆 CIP 数据核字（2019）第 222679 号

出版发行	中国海洋大学出版社
社　　址	青岛市香港东路 23 号　**邮政编码**　266071
出 版 人	杨立敏
网　　址	http://pub.ouc.edu.cn
订购电话	0532－82032573（传真）
责任编辑	王　晓　　　　　　**电　　话**　0532－85901092
印　　制	青岛国彩印刷股份有限公司
版　　次	2019 年 11 月第 1 版
印　　次	2020 年 7 月第 2 次印刷
成品尺寸	148 mm × 210 mm
印　　张	6
字　　数	158 千
印　　数	1～1 000
定　　价	28.80 元

发现印装质量问题，请致电 0532－58700168，由印刷厂负责调换。

目 录

「班主任·感悟」

让班主任工作牵手智慧

青岛市崂山区实验初级中学　杜金柱

　　班主任是学校最基层的组织者和管理者,是整个班级的核心人物,其言行举止、思想观念等对学生的发展有着重要影响,这对班主任老师提出了更高的要求。如何成为优秀的班主任呢?我认为,一位优秀的班主任,要做到教育学生有爱心,管理班级有智慧。

　　做一位优秀的班主任,首先要做到倾注满腔真情热爱学生。班主任工作是爱的事业。冰心说过:"爱是教育的基础,是老师教育的源泉,有爱便有了一切。"正因为我们怀揣爱心,所以我们看到学生灿烂的笑脸,看到学生求知的眼神,听到学生琅琅的读书声。夏丏尊说:"班主任应该有'博爱'的情怀,让爱滋润着每个学生的心田。"全国优秀教师于漪做班主任时,学生的衣裤破了,她细心缝补;天气冷时,有些孩子穿得单薄,她拿自己孩子的衣服给学生御寒;那些单亲家庭的孩子由于缺乏家庭的温暖,性格怪异,她如慈母般关爱他们,用爱去抚平他们受伤的心灵。于漪对每个学生都付以真诚的爱心和尊重,学生们都喊于漪为"妈妈老师",学生们积极向上,班级和谐而优秀。于漪老师用自己的实际行动证明,班主任给予学生爱和尊重,学生可以从关爱中找到前进的力量,这样的班主任才可以称为优秀的班主任。

　　做一位优秀的班主任,要有教育管理学生的智慧。我认为教育管理的智慧表现在若干方面,渗透在班级日常管理中。魏书生老师说，做班主任的智慧主要表现为，用民主的思想对学生进行科学的管理，他调动学生参与班级管理的积极性和主动性，努力营建民主平等的氛围，使每个学生将这个班当作自己的家，事事有人做，人人有事做，魏老师用他的管理智慧使他的班级成为优秀班级。我在实际工作中，富有智慧地开展班级活动，如"把你烦恼的事情告诉老师"，让学生感受到自己的小主人翁地位。富有智慧的班级管理方法，使班级积极健康地发展。

学生需要有爱心的班主任。班主任要把学生当作自己的孩子，以平等、博爱的态度对待每一位学生。学生违反纪律，陶行知先生没有一句批评指责的话，而是一连发了四块糖果奖励他在错误中表现出的难能可贵的优点，促使学生意识到自己的错误，让学生获得尊重、理解、欣赏，达到潜移默化的教育目的。学生对于尊重、信任自己的老师，自然会爱戴、喜欢。陶行知先生的教育思想闪耀着智慧的光芒，值得我们每一位班主任反思、学习。

班主任是传递人间真、善、美的使者，是播撒爱的种子的天使。学生需要拥有智慧和爱心的班主任，班主任用充满智慧的爱呵护学生，走进学生心灵，学生的身心才会健康发展，并形成健全的人格。

有爱心，以真挚的情感和爱心去关心学生，才能赢得学生的尊重。有智慧，用科学民主的方法管理班级，才能打造和谐、优秀的班级。我想，优秀的班主任就是这样炼成的。

用睿智充盈教育

青岛第六十二中学　姜卫红

▍大爱无言

真水无香、大爱无言是一种崇高；红烛、春蚕是一种悲壮。我就是一名普通的教师，生活简单而温馨，工作充实而快乐。

平淡中，没有伟大的作为，没有感人的事迹，有的只是为责任而付出，为信任而工作。于是，付出了努力，收获了感动。这，就够了！

教师，用默默的付出给了学生一个温暖的家，一个成长的园地。其实，每一位称职的教育工作者都是在用其朴实、勤恳、扎实的作风，诠释着一名人民教师的责任与魅力。"父之严、母之慈"是传统意义上人们对班主任这个角色精神内涵的解读，但是站在当前以强调"创新教育"为特征、以培养"核心素养"为目标的素质教育的大背景下，再用"严与慈"来班主任，不仅不够，而且狭隘。本人作为一名有着19年教龄的英语教师、19年教龄的班主任，校班主任工作室主持人、青岛市名班主任工作室成员、青岛市优秀教师、李沧区优秀班主任以及区家庭教育工作团讲师，在默默无闻的教育实践中日日践行此准则，从不敢忘。

▍教育的最大智慧就是宽容

有人说，学生抗拒的不是老师给他的内容，而是给他的方式。充满智慧的班主任要心有阳光，就是要对学生，特别是有缺憾的问题学生，像阳光撒向每一寸荒原，让冰块融化，

5

让荒原复苏那样,让凋敝的心灵重新沐浴理想的光辉,让失去的自我重新返回人性的天地,让大写的人在天地间矗立。爱和宽容正是孕育教育智慧的温床。

19 年的班主任生涯,尤其是连续 6 年接任管理有困难的初三毕业班的经验告诉我,教师在做学生工作时光有一颗爱心是不够的,科学的方法、深远的谋略和智慧的头脑是当代班主任必备的基本素养。一名对于班级工作得心应手的班主任,一定是在用自己的独特的智慧与他(她)的班级和学生同行。尤其是对于有点特殊的、有点问题的学生,更需要拿出智慧的师爱、深邃的引导、得人心的方法,才可以把"烫手"的班级和"带刺"的学生安然送走。

▎教育的最真智慧就是把学生当成自己的孩子

一个优秀的班主任,绝对是真、善、美的代表。作为班主任,想让学生接受他(她)的教育,就要怀着一颗真诚的、闪亮的爱心,通过爱的力量,来发挥情感的作用;通过心的呼唤,来发挥感召力。我的女儿对家里经常性地多了大哥哥和大姐姐早已习以为然——我愿意把学生领回家。

爱自己的孩子很简单也很自然,不需要刻意和掩饰;而教师爱学生也是自然,但是要爱每一个学生比较难。如果把学生真正当成自己的孩子,对待学生与对待自己的孩子一切相同,几乎没有教师能够做到。我也不例外!但这些年,我一直在朝着这个方向努力。每在这方面进步一点点,都意味着我们的班主任智慧又提升了一大截。这种不分时间、场合的挚爱,才是对学生的真爱、真理解、真信任学生和真关心。苏霍姆林斯基指出:教育技巧的全部奥秘就在于热爱每一个学生。

知识只能看到一粒沙子就是一粒沙子，一朵花儿就是一朵花儿，智慧却能在一粒沙子里看到一个世界，一朵花里发现一个天堂。只有智慧的教育才能培养出智慧的人，只有有智慧的教师才能培养出有智慧的学生。我用智慧的爱心铺路，用深邃的意图搭桥，于是我的教育生涯一路凯歌。

幸福像花儿一样

青岛市崂山区育才学校　考宁宁

曾经，看着不当班主任的好友同事上完课后，有时间悠闲自在地转转校园，跟同事们聊聊天，我就很羡慕，但是自己只有羡慕的份儿，因为，一堆工作等着自己：除了常规的备课、批改之外，每周的班会要考虑话题，制作 PPT；每天的作业上交情况要统计；每天给自己定的找 5 个同学谈话的目标要利用课间时间完成；每天学生鸡毛蒜皮的矛盾冲突需要给他们调解；哪节课，哪个孩子被哪个老师送到了自己办公室，得，自己又不得闲了……除此之外，学校的常规落实仍然需要自己的"盯、看、靠"，榜样、示范加指导；卫生、自习和两操，样样要亲力亲为，这就是班主任工作。这个时候，我真的只有一种感觉：累，期待这个学期快快结束。

一个学期终于结束。我没有再申请班主任工作。领导跟我再三确认，我很坚决，并且以要专心钻研业务为理由，毅然决然放弃了这个班后期的班主任工作。

后期，没有了班主任工作的压力，确实轻松了不少，但是幸福感并没有因工作的轻松而降临到自己身上，相反，后悔和遗憾陪我度过了两年的时间。新换的班主任是一个放任型班主任。虽然不当他们的班主任了,但是我仍然给他们上课。孩子们的发展差强人意。无奈我已经没有了班主任的身份,有很多事情有心无力,而我自己,并没有因轻松而感觉到幸福,反而有了一种深深的负罪感。我自责,怪自己图一时的轻松耽误了一些孩子。

我的这一体验让我更加清晰地认识到,班主任工作是我的最爱。尽管辛苦,但确实能让自己倾尽所能去培育祖国的未来。后来,我又申请了班主任工作。在工作中,我可以跟学生有更多的时间接触,我会观察他们的一言一行,及时地给予肯定和指导,比如发现同学们之间的互帮互助,我会放大这样做的效果,让同学们享受到互助的快乐;我会跟孩子们一起干事,从中发现更好的技能技巧,比如黑板旁边的小提示,用别针扎的时候,头朝下很容易脱落,头朝上则愈发稳固,仅仅变了个方向,效果迥异;比如跟孩子们一起排队远足,同样的速度,走在后面的同学却越落越远,还要时不时地跑两步才能跟上,气喘吁吁,累得够呛,而走在排头的同学一身轻松,因此我们共同归纳了"排头效应"……

回想班主任工作的点点滴滴,我的感受是累并快乐着、幸福着。看着在自己或严厉或睿智或细致的教育引导下,孩子们每天都有进步,自己觉得再苦再累也值得。班主任确实是一个良心活儿,它需要规范,更需要创造,不管是规范还是创造,都需要老师全身心地投入自己的情感和心血,相信在自己的心血感染下,孩子们能做更好的自己,我心足矣。

爱的教育

杨柳枯了又青，桃花开了又谢，燕子去了又来，我们的学生走了又来。

年复一年，多年的班主任生涯让我深有感触，一次次的班级管理启示我：教育没有捷径，管理班级也没有捷径，唯有爱心，因为爱是最好的教育。

古人云："人非圣贤，孰能无过？"故应"宽以待人，容人之错"。通过一个个实例，我得出一条经验：在通情达理中暂时性地容忍宽恕学生的错误，采用灵活委婉的方法去教育学生，鼓励学生。这样既保护了学生的自尊心，又促进了师生的情感交流，在班级工作中能达到事半功倍的效果。

著名的教育理论家苏霍姆林斯基曾说过，教育，首先是关怀备至地，深思熟虑地，小心翼翼地触及年轻的心灵，在这里谁有细致和耐心，谁就能获得成功。我认为这细致和耐心全源于一个"爱"字，爱就像是一个有魔力的教具，它可以架起老师和每一位学生之间心与心相通的桥梁，它承载着师生之间深厚的感情和理解。

班主任工作让我意识到，班主任工作要有自己独立思考的行为，别人的东西总是别人的，照搬照抄是不好用的，有自己的特点，符合每一位学生的特点才行。不知大家到了初中是否认真带领学生学习中学生守则。我是要领学生学的，不仅学教育部的，还要学学校的，还要学班级的，还要学先进学校的教育理念。在对比中学生会有思考，守则就不是一个死的东西而是活了起来。拿班级空间而言，我喜欢想，喜欢写，一路走来，很多内容写下来，是欢快而不是别人给的任务。毕业的学生回头看，有家的感觉；毕业的学生也以新的视野写一些给现在的学生看，这样就更有意义。别的班主任也有自己独特的方法，我们只能参考，辩证地学。

做班主任要能给学生以聪明。教育学生，不能以单一的思维方式，而应是多角度、多智能的。初三学习可谓紧张，可班级的卫生、纪律都是取得优异成绩的保障，生活技能与学习成绩不仅可以兼得而且是相辅相成的。就如素质教育与应试教育，二者是可以兼得的。同学间的合作、老师与同学的合作是实现双赢为目的的；老师就是为了学生，家长也是为了学生，这样单向的目标与价值的取向，我是不同意的，也不引导我的学生那样理解。共同成长、实现双赢才符合新课程的要求。

以班级文化建设为例。班级文化是需要精致的语言代码的，在我班级的教室里，没有那些"拼""抢"的文字。要知道，学生对语言的感悟能力是很强的。在我的教室里有不少标语：安静是一种美，保持安静是一种修养；蓄万江之水，凝千钧之力；胸躲万江凭吞吐，笔有千钧任翕张。我的方向是向素养、向胸怀靠拢。假如你能培养学生接受暗示的能力，就不要培养他接受昭示的能力；假如你能培养学生接受要求的能力，就不要培养他们接受惩罚的能力。在教育的各种手段中，暗示是最高级的形式而惩罚则是最低的层次，把对学生的爱装在心里就好。

花团锦簇——桃李的幸福

青岛市崂山区育才学校　牟晓敏

很幸运遇见您,一如九月的初见——

那时我们还很幼稚,带着青春期的任性与朝气,

而那时的您,严格却不失温柔,负责而更显魅力。

您把我从前最头疼的历史变成了现在最自信的课程,

您陪我们走过了军训,走过了中考,走到了毕业,

您让我们真正明白一个集体、一个家庭的意义。

很幸运遇见您,一如六月的告别——

光阴镌刻出流水落花,现在的我们更多回忆起来的还是您教给我们做人的道理:

您常教导我们,做人要磊落,要澄澈,

要学会感恩,要懂得知足。

要努力走好每一段路,把生活过得温暖而富有情意。

岁月悠长,愿您今后所有的遇见与快乐,都能在时光深处落地成花。

——爱您的学生们

　　短短的话语却道出了孩子们对作为班主任的我的深厚的感情。每当收到这些温暖的文字时,我总能感受到作为一名教师最大的幸福。

　　作为班主任,我关爱每一位学生的成长,陪伴每一位学生的进步,我坚信每名学生都是优秀的,坚持用认真负责的责任意识感染着身边的人,深受师生的好评。我把教育这份沉甸甸的责任化作沐浴学生的春雨,滋润着一个个懵懂的心灵;坚持用爱心、诚心、细心、耐心去换取学生的开心,家长的

放心。为了让每一个学生学有所获，各得其所，我一直努力着，也真切感受着与学生们亲密接触的快乐，学生们是青春、理想、希望、未来的美好化身，能融入他们的生命成长历程中，我认为自己是幸福的人。

▌爱心培育幸福花——师爱、奉献

在我严格的外表下，有一颗爱孩子的火热心。孩子们学习懈怠时，我比家长还着急；孩子们成绩有一点点提高时，我比家长更高兴。全班这39个孩子都仿佛是我自己的宝贝，每一个我都上心，每一个在成长中的细微变化我都了如指掌。家长经常与我交流教育孩子的方法，我每次都能如数家珍地帮助家长分析孩子的优点以及需要改进的地方，每一次也都是用鼓励的语气在感染和改变家长的教育心态与方式。在我的眼里，每一个孩子都是一个独一无二的存在。

春风化雨花千树，爱心培育幸福花。我在播撒爱心的同时，也收获着幸福与快乐。我的付出换来了孩子们一张张的捷报，赢得了孩子们的依赖与爱戴，更收获了家长的信任和敬佩！作为老师，我怎能不幸福？不快乐？

▌梅花香自苦寒来——探索、创新

"一班之主，任重而道远，风雨一肩挑，甘苦皆品尝，没有八小时以外，永远陪同在学生前行的路上。"这是当班主任的磨砺让我懂得的"班主任"的内涵。经过长期的探索、实践，我在班级管理中巧抓三步走，注重实效，独具特色，强化了班风，培养了学生的自制和自学能力，收到了很好的效果。第一，抓亮点、勤表扬。平时我注意观察学生，抓住他们的闪光点，加以表扬，比如某某同学早早到教室进行早读学习;某某同学乐于帮助其他同学解决学习上的疑难……他们在我的表扬下带动了其他的学生,形成良好的班风班貌。第二,抓弱点、重激励。针对学生表现出来的弱点,我注重因人而异,激励其进取。学生小 S 学习能力强,但是学习情绪波动大,成绩不稳定。一次月考后,我和他进行了一番长谈,谈话中让学生明白其实他自己是一个有要求的孩子,只是一遇到压力就习惯性地退缩,安于现状,但退缩并没有让他开心多少。通过多次交流,我帮助孩子放下思想包袱,制定小任务、小步调,逐一攻克。慢慢地,孩子的状态积极了许多。教室里多了他勤奋学习的身影,老师常听到他问问题的声音。随着中考的慢慢临近,他脸上的笑容越来越多了。第三,抓重点、讲方法。对于初三的学生来说,把握好每一次的月考、联考、模考,对于最后的中考有很大的益处。为了让学生清醒地认识到自己在每个阶段学习应考的状态与得失,我逐步形成了"两环节四步走"的工作方法(两个环节:考前定目标、考后重督促。四步:定目标、细分析、定措施、常督促)。具体来说,就是让学生每次考前都制定出目标,考后我再及时挤出时间帮助每一位学生分析成绩,制定下一步的提高措施,在下一周内时刻督促他们改进不足的地方。正是有这样一套行之有效的管理方法,我所带的班级在学校班级评比中每次都在不断地进步。

▍一花独放不是春——团结、协作

作为班主任,我深知"一花独放不是春,一树奇伟难成林"的道理,于是我努力合理统筹安排学生的在校时间,与各科任教老师保持良性配合,使教学生活有条不紊、协调高效地得到开展。科任老师需要调课,我总是第一时间帮忙上课;班级中,积极协调各科师生关系和学科平衡发展,引导学生正确评价任课教师。为了让学生更多地了解教师,缩短师生间的磨合期,我总是利用班会课在第一时间里将任课教师的优势告诉学生,同时,也注意随时向任课教师即时反映学生情况,形成互动,尤其对边缘学生更是齐抓共管,循循善诱。我的无私和坦诚,换来了教师之间的团结、协作,共同提高。

万紫千红春满园,教师无私的付出换来了硕果累累、姹紫嫣红。此时我却只想淡淡地说:"我只是做了我应该做的,教育其实很简单。如果你是孩子,你觉得你需要什么样的老师,你就努力去做什么样的老师;如果是你的孩子,你觉得他需要什么样的教育,你就给你的学生什么样的教育。一腔真爱,一份宽容,如此而已。"在前行的路上,我将一如既往,对事业有痴心,对学生有爱心,对工作有热心,对未来有信心,享受属于自己的幸福的教育人生!

且微笑且反思

——寻找我的教育教学之根

青岛市崂山区第五中学 曲 霞

幽静的深夜里,橘黄色的灯光下,摊开一本文摘,一个别致优雅的题目再次引发我的思考,那便是"品味大教育的幸福"。姚俊松老师用他真切的笔触,谈及他从教 12 个春秋以来对教育的解读以及对成长的感悟,我不禁反问自己,我的成长之路抑或是成长之根又在哪里?回忆着,思索着,我的脑海里几个字也越来越清晰——且微笑且反思。感谢姚俊松老师的慧心,让我有此机会静下心来重拾我的教育教学之路,与大家一起分享我教育教学中的点滴感悟。

▌幸福的秘诀——微笑

每当收到一张张明信片,一封封问候信,我都会将内容念给其他的老师听,它们使我的脸上洋溢着快乐和幸福;每当学生在竞赛中获奖、在学习上有一点点进步的时候,我是那样的幸福;每当"教师节"来临,被一群突然降临的"小鸟"用鲜花和祝福包围住的时候,我是那样的幸福。我不止一次对学生及周围的人们说:"我是天底下最幸福的老师。"幸福的秘诀是什么? 微笑!

教会我微笑的是她,她不是名师,不是名家,她只是一位50周岁,仍然教着初三两个班的普通的语文老师。她仍然当着班主任,仍然优雅地说话和走路。其实我与她的相识只是一次道听途说,一张语文课的照片而已——课堂上的她神采飞扬,温婉动人,学生的笑容比窗外的阳光还要灿烂,她的眼睛也笑得眯成了一条缝。课堂上充满了机智的对话、活跃的气氛,还有不时发出的笑声和掌声。那一刻起我就告诉自己:"我要做这样的老师! 我要有这样的课堂! 我要学会微笑!"

此后的教学中,每次接手一批新生,我总是用真诚的微笑重塑孩子对语文学科的兴趣;每次转化一个后进生,我总是用友善的微笑走进孩子的内心世界;每次课间里,我总是用温柔的微笑与学生交流;每次上课时,我总是用甘甜的微笑与学生对视……从此,微笑成了我的代名词。且看孩子们对我那不起眼的一抹微笑的评价:

小起：记忆里她走过时总会留下一抹笑留做纪念，或许有时她什么回报也得不到，但她依旧坚持着……开学前在大厅里的那抹笑，我至今记忆犹新，它鞭策着我不断进取，不断努力，有足够的信心挑战这艰苦的初三……

小钢：老师还记得吗？有一次咱班成绩不好，大家都垂头丧气，有的甚至哭了，都在胆战心惊地等待着一场狂风暴雨。而您，用您的微笑和鼓励，拨开了我们心头的阴霾，让我们更加自信地去迎接新的挑战……

小珊：在我刚刚踏入初中的时候就听已经毕业的师哥师姐们说，被她教过的学生没有一个说她不好的，她的笑很温暖。可是到了九年级分班时偏偏没有分到她的班，不过值得庆幸的是她还教我的语文。

……

或许这些略显稚嫩的赞美，在许多人眼里远不如一张证书来得实际，但是我乐在其中。几年下来，更多的孩子愿意让我成为他们的语文老师，更多的孩子期望我成为他们的老班，更多的家长愿意把自己的孩子送到我的班级，我想这就是我的成功，更是我的无上荣耀！

我的经历告诉我——其实每一个孩子都是一朵盛开的花，但不知何时起这些"90后"便被贴上了自私、无情、冷酷、偏执的标签，曾经的我也和众多的教育工作者一样，一味感叹为师者的"难"，但一路走来，却惊觉，原来微笑或许才是治愈这些个性张扬的"90后"的不二法门。亲爱的老师们，不要吝啬你的微笑；亲爱的老师们，不要再用粗暴冷酷的面孔去对待眼前这些鲜活的生命；亲爱的老师们，在为师的路上且把微笑留下，你也将会收获幸福！

▌成长的秘诀——反思

我是一个不甘"沉静"的人，从师范学院毕业至今，已在教育教学第一线工作了十个年头，父亲说我天生是当老师的料。的确，三尺讲台，如鱼得水，这里蕴含了我多少艰辛、汗水、快乐，但是我无怨无悔。在许多同事的眼中，我热情、开朗、敬业，是一个浑身有使不完劲的人，我所教的语文学科知识更新快，涉及面很广，但凭着我的坚韧和钻研，短短几年中我先后讲过区市级公开课，参加过区市级优质课，是公认的多面手。成长的秘诀是什么？反思。

教会我反思的是他，他同样不是名师，也不是名家，他只是一个十几岁的孩子，是我的一个学生。那是一节公开课。上课伊始，一个学生的问题完全打乱了我的设计思路，我懵了，但我告诉自己："镇定，一定要镇定！一定要顺着他的问题找到一个完美的切入点。"慌乱之后，我理清了自己的思绪。那堂课，出奇得成功，学生表现积极，思维活跃。课后，当我反思自己的教学行为时，忽然意识到：自己的慌乱，是因为手中仅仅持有一桶水，为什么不汲取一池水，直至把自己变成长流水？从那时起我就告诉自己："我要有这样的能力！我要学会反思！"由此我便开始了我的反思教学、反思教育。

记得那是一次突如其来的现代化学校验收展示课，接到任务的我有些慌乱，他——儒雅的牛老师轻轻坐在我的身旁，原本在我心中高高在上的他此时却如此亲切，如此温暖。听到我选的课题是《乡愁》时，他先是一愣（我知道我又触碰了一个难题），然后便开始手把手地教我。专家就是专家，课堂设计独具匠心，不再刻意追求教学形式的完整与完美，真正体现出了教学形式为教学内容服务的理念,给人的整体感觉好似春风拂面、返璞归真。带着牛老师的悉心指导,我便开始了对这节课的反思,后来这节课上得很成功,而最大的受益者就是我。再后来牛老师又将"快速作文""三维阅读"的模式引入我们的教学,早已退出讲台多年的牛老师,更是亲力亲为为我们上了一节示范课,备受启发。我想不只是我,所有参与听课的老师以及学生们,都忘不了他那道美味的《夫妻菜》。此后我和集备组的另一位成员又一次走进反思的大潮中,一次一次地尝试,一次一次地修整,最终在2013年中考的阅读与写作中我们尝到了甜头。今年接了新的毕业生,我们还要将"快速作文""三维阅读"做下去,加上以往经验以及我们的反思,我坚信我们会做得更好!谢谢牛老师的悉心指导,谢谢《乡愁》《夫妻菜》带给我的反思,助我更快成长!

记得那是一条来自语文教研员郑老师的短信,"我做了一份小说阅读一篇多得的材料,各学校可印发以备复习"。下载下来,打开它,我第一想到的不是印发二字,而是该如何用的问题。反复思考,小说可以一篇多得,那么说明文可否?我开始了新的探索……在刚上任不久的郑老师第一次来校听课时,我便大胆地上了这样一节说明文复习课,题目是"解剖麻雀,一篇多得",得到郑老师的大力赞赏,并第一时间把对我的高度评价通过飞信形式发给全区语文老师。后来在我完全不知情的情况下,郑老师更是悄悄地帮我申请了青岛市研究课,当我知道这个惊喜后,郑老师给我的理由是"你踏实教学,善于反思"。享此殊荣我怎敢担当?不就是因为我的一次恰到好处的反思吗?这更加坚定了我誓将反思进行下去的坚定……

　　后来我不仅反思自己的语文教学，也反思自己的班主任工作。如何进一步走进孩子的心灵？反思之后我做了一件事——写《班级日志》，现在这俨然成为我和孩子们的一笔宝贵财富。如何督促孩子及时完成作业？反思之后我有了一个想法——建《作业记录本》，毕业后这居然也成了一道亮丽风景线。在我当班主任的每一天里，我都在问"为什么""怎么办"，在这样的反思中我的孩子们成长了，中考取得优异成绩，我所带的班集体被评为崂山区优秀班集体、青岛市优秀班集体。当然最让我荣耀的是它——孩子们颁发给我的"最佳老班奖"。感谢这些可爱的孩子，让我收获了满满的感动。其实在班主任成长路上，我最想感谢的还是朱校长，忘不了在我最困难之时她对我说的那句话——"坚持自己的风格"。它一直是我前行的力量。反思班主任工作的同时，我又开始将反思放在提升自己专业水平问题上，我开始坚持写教育教学随笔。在学校的鼓励下，我还新建了自己的教育博客，在那里，我整理自己的教学实践，记录自己的学习心得；在那里，我留下了学生的稚嫩作品，留下了同行的精彩论点；在那里，我阅读着自己一天天留下的痕迹，读着新鲜的名师博客、语文网站，我的视野更开阔了，积淀也更多了。这种及时反思和勤于积累的习惯，也再次让我受益。2009年在第一次山东省远程培训中我的作业被省专家指导团推荐入选教学感悟资源库，我的名字被列入山东省"精彩之星"第一位，我被评为省"优秀学员"。2012学年度我被评为崂山区"读书实践先进个人"，另外我的多篇文章获全国论文评比一等奖并被推荐发表。

　　我的经历告诉我——不思考，不反思，看到的只是"年年岁岁花相似"的积累，根本体会不到"年年岁岁人不同"

的飞跃。很喜欢叶澜教授那句话:一个教师写一辈子教案不一定成为名师,如果一个教师写三年的反思,就有可能成为名师。亲爱的老师们,请珍惜领导给你的每一次任务,因为在你付出心酸努力的同时,这更可能会成为你的机会。亲爱的老师们,请在你为数不多的空闲的日子里挤出点时间留给反思吧!因为反思的同时你也将收获如花般的心愿!

十几年耕耘,十几年收获,在我成长的过程中,我幸运地遇到了好的领导——委我以重任;好的同事——手把手教我如何上课;好的导师——鼓励我进行教学研究。这些,为今天的我做了大量的积累。虽然在前行的路上我还有些许忐忑和不安,但正如一位哲人所说:那些你所追逐的成绩并不重要,那些你一路走来,改变了你的东西才是最重要的。所以带着诸多人的期许,我会继续在行走的路上且微笑且反思,我相信只要我脚踏实地,脚下的路会不断延伸,路边的风景也会愈加精彩!

班主任工作五点体会

平度市崔家集镇崔家集中学　吴敬霞

如果班级比作一艘船的话,那么班主任便是这艘船的船长,直接影响到这艘船行驶的方向。班主任工作给我的最大的感受:班主任不好当,而且是越来越不好当。但是,既然当了班主任就必须竭诚尽力,扮演好班主任这一平凡而又必不可少的角色。我几年的班主任的工作经历,使我对班主任工作有了自己的体会。

第一,不要吝啬对学生的爱。爱是溶化剂,爱是桥梁。

要想让学生爱你,首先你应该付出你的爱。为了做到这点,我把关爱渗透到平时,从不吝啬我的爱。比如,帮学生整理衣领,拍拍学生的头,学生生病时送上温柔的目光、关切的话语,递上一杯热水。天气变了,我会及时提醒学生添加衣物,注意用火、用电安全。特别是周五学生该回家时,我都不忘提醒学生路上注意安全。我是老师也是母亲,我的关爱发自心底,出自真诚。我在尽力做到:随风潜入夜,润物细无声。

第二,经常换位思考。人与人之间要互相理解,信任,并且要学会换位思考,这是人与人之间交往的基础:互相宽容、理解,多去站在别人的角度上思考。比如,学生上课说话、搞小动作的事。学生是活生生的人,有血有肉,有个性,正处于活泼爱说爱动的年龄。上课说话,搞小动作,在老师目光的示意下,或在老师语言的提醒下,他们及时控制自己的行为,并能好好听课。

比如作业,有个别学生爱玩爱忘,作业没有及时交上,我也能理解。所以允许他在一天之内补上,不会批评。面对无法改变的现状,我们唯一能改变的就是自己的心态,多改变自己,少埋怨环境,以积极的角色面对生活。人不能要求环境来适应自己,只能让自己适应环境。先适应环境,才能改变环境。做到多改变自己,选择积极的心态去对待。

比如,穿拖鞋的事。我没有用命令的口气说,而是这样说的:"穿拖鞋是为了脱穿方便,但在学校不用时常脱,再说了,咱班在三楼,每节课上下楼梯,穿拖鞋上下楼走路不方便,万一摔倒了,夏天穿得薄,磕一下,碰一下,轻得还好点,重得摔折了腿,崴了脚,要知道'伤筋动骨一百天',受疼还不能上学多不值啊!"因此我班没有穿拖鞋的。

爱是什么?爱是阳光,给人温暖;爱是什么?爱是甘霖,滋润心田。当你尽情挥洒你的爱,付出你的爱时,学生也会爱你的。

第三,工作、教学认真负责。班主任要以身作则,威信是一种观念形态。威信者,威严及信誉之和也。无威无以敬人,无信无以服人。教师的许多工作靠威信发挥作用来完成的。要有稳定的教学秩序,首先班主任要从自身做起,应为人师表,严于律己,要学生做到的,自己首先要做到。

比如,每次进班第一眼先看地面卫生,如果有纸屑、垃圾等我都会亲自动手打扫;新发的笤帚,我都会用绳子捆扎一遍,这样结实又耐用。身教重于言教。久而久之,孩子们也养成了随手捡垃圾的好习惯。

第四,批评教育因人而异。学生脾气秉性各不相同,我大致用"三三三"制来描述,即三分之一的学生在学,三分之一的学生在看,三分之一的学生在"捣蛋"。要通过观察熟悉他们的脾气秉性,管理才能有的放矢。好学生要正面引导,多鼓励。中等生要培养自信,帮他们找到目标,对后进生的要求要降低,不要吝啬表扬,但批评也要严厉。

第五,和家长密切配合。教育由三匹马拉着——环境,学校,家庭。对于环境我们很无奈。如果再放弃家庭的配合,就剩学校还在坚持时就很悲哀了。家长会上我跟家长们说:家长老师的目标是一致的,因此共同管理孩子是双方的责任,不要以为把孩子放在学校家长就什么也不用做了。在校老师负责,在家家长负责。老师对孩子的教育,家长要理解和支持。老师伸出一双手,家长伸出一双手,这样人多力量大,共同托举起孩子的人生,未来不是更好吗?我的说法家长都认同,也很配合,多年来未发生一起老师与家长的冲突,所以我才敢大胆管理,效果很好。

　　总之,教育是一项充满挑战性的工作,教师要不断地完善自我,只有当你不断地自我教育的时候,你才能教育好别人。教育也是一门科学,育人成才是一种精雕细刻的艺术,在工作中只有讲究科学、创新、艺术,才能培养出适应社会需要的高素质的人才来。我争取在今后的班主任工作中,多学习先进经验,不断改进,不断提高,积极探索,善于总结,使自己的班务工作水平尽快提高。

班主任工作感悟

青岛市崂山区第七中学　杨化涛

　　著名的教育家苏霍姆林斯基说得好:教育的核心,就在于让学生始终体会到自己的尊严。作为教育工作者,必须尊重学生,保护学生的自尊心,使学生在健康成长的过程中发挥自己的潜能。教书育人是教师职业道德的核心,而热爱学生是教书育人的最基本的落脚点。

█ 转变观念,乐于付出

　　记得刚当班主任的时候,我也常为学生不听话而苦恼,去请教我们学校的老教师有什么办法"对付"学生。他的回答让我至今难忘——"你这句话说得不对,学生不是你的对手,用不着想什么办法去'对付'他们,而应该多想办法去关心、帮助他们。"一句话让我如醍醐灌顶,明白了当好老师、做好班主任工作的诀窍。那就是一定要用真心、爱心、诚心去关注学生。原来背过各种教育理论,但仅仅是把它们当作一种理论,一种书面知识而已。在实际工作中,观念并没有

23

真正转变过来。一通百通，从此，我感觉班主任工作并不是真的很难做。后来，也有年轻教师问我："为什么那么调皮的学生，到你面前就老实了呢？"我总是这样回答："不要以为学生年纪小就不懂事，他们分得清楚谁是真心为他好，还是只在口头上说说而已。碰到真心为他着急的老师，他们就会自觉的。"

要做好班主任工作，首先应该真正转变观念，正确理解当前的教育形势和教育改革的发展趋势，真正懂得依法执教、规范管理的必要性和重要性，抛弃陈旧落后的教育管理观念，树立起甘于奉献、乐于付出的精神追求，切切实实用爱心、真心和诚心去教育每一名学生。

▌学高为师，身正为范

班主任是学校各项工作任务的具体执行者。他的一言一行都对学生起潜移默化的作用，都会在学生心目中留下深刻的印记。班主任要注意自身的修养，努力通过自己的言行举止，为人处事给学生以示范，做学生的榜样。苏联教育家申比廖夫曾说："没有教师对学生直接的人格影响，就不可能有真正的教育工作。"但作为一名班主任，首先必须有体察学生的思想、情感、需求，捕捉学生的思想信息，把握他们的真实态度，以达到知人知面知心的能力，应有启迪学生心灵的能力，应有教育和管理相结合的能力，应有较高的演讲和对话能力。这些能力，一定要在工作中不断地锻炼提高，从而不断提升自己的工作能力和管理水平。学生并不因为教师年龄比他大就信服和尊重你，而是因为你确实有知识才敬重和信任你。班主任如果没有真才实学是很难在学生中树立威信的。因此，班主任必须要不断用新知识充实武装自己，涉猎面要尽可能广，努力使自己成为一名知识广博的"通才"，跟上时代向前迈进的步伐，至少不能落在学生的后面，沦为鲁迅先生笔下只会哀叹"一代不如一代"的"九斤老太"。

▍亲其师，信其道

古人云："亲其师，信其道，乐其学。"德国教育家赫尔巴特早就指出："一切教育的起点在于个性，终点在于德行。"尊重学生及其个性，才会设身处地地换位思考。以对自己童年、少年时代的回忆，保持一份童心，拉近与学生的心理距离，去理解学生。我们也曾有过半成熟、半幼稚，独立性与依赖性并存的状态。其实，谁都会有出错的时候，契诃夫就曾叹息过："要是已经活过的那段人生，只是个草稿，有一次誊写，该有多好。"老先生是在追求完美，真的允许他十次修改，他也不会没有遗憾。推己及学生，不要把自己各方面的压力转移到学生身上，以一份充满爱心的宽容来对待孩子们美丽的错误。真诚善意的微笑或许更胜于严厉的指责和苍白的说教。

班主任要积极创新工作，展现个性魅力，赢得学生信任。班主任不是学校的"传声筒"，学校一定会给班主任以更广阔的空间和支持，以保证负责任的、有着良好的教育理念及倾向的班主任可以充分展示个性风采，创新工作，赢得学生信任，提高班级组织效能。

信任是保证秩序的重要力量。班主任赢得学生的信任，就赢得了对自己建设效能型班级理念的支持。有了这份亲和力，班主任将收获"说而听，听而信，信而行"的喜悦和成就感。

　　当班主任很累，有时还会很心烦，这都是免不了的。但是，当你走上讲台，看到那一双双求知的眼睛，当看到学生在你教育下有了很大转变，当你被学生围着快乐地谈笑，当家长打电话来告诉你孩子变了，变得懂事听话了……那快乐是从心里往外涌的。

「教育·案例」

倾注爱心，撑起教育的蓝天

青岛市崂山区实验初级中学　杜金柱

新学期，我接任了六班的班主任。

第一天，我拿着课本站在前排学生的课桌前上课。忽然看到一个目光斜斜的男孩出现在我的视线中，当我们目光对视时，他尴尬地对我笑笑。

"你干什么？不好好听课！"我大声对他说。为了不耽误时间，我继续上我的课。

"老师，我学案丢了！"我低头一看：又是这个同学！他正在桌子上起劲地滚动着两支圆珠笔。

"你这个孩子，真是无药可救！我不给你们上课了，什么时候你安静下来，我们再讲课！"我气冲冲地对他讲。

说实话我任教快20年了，这样的事情、这样的孩子还是第一次碰到。

我后来了解了情况，这个孩子叫小喆。小喆的父母为了生活常常早出晚归，虽然很关心他，可是终究顾不上。从小学起这个孩子就没有好习惯，从小好动，自制力差，课堂上随心所欲地破坏纪律，上课不听讲，作业从来不完成，和同学打闹，经常挨老师批评。学生都很讨厌他，他几乎没有朋友，就是一个"刺头"。

我明白了，小喆是缺乏关爱的学生，也对自己的做法感到很羞愧。我明白了，他之所以这样做，无非是要引起我的关注。这样的孩子会教育好的。

根据这个同学的情况和我的教学经验，我觉得首先要在生活上关爱他、学习上关心他，做他的朋友，让他感到被关注，被重视，让他体会到班级大家庭的温暖，这样才能稳定、强化他的积极情绪，增强他的自信心，实现他的存在价值，让他被大家认可、接受。

我找他谈话，开始的时候，他还是一副漠然的态度，我每说一句话，总会听到他从鼻孔中冒出"哼！"的声响。说实话，我心里真有点火，教这么多年的学，还没有受过这样的气。可是想到孩子的天性是善良的，我还是强忍住了。

我又把他叫到办公室，看到他和同学打闹弄脏的脸，不由得想笑。看到我变柔和的神态，他表情也自然了。

我拿来脸盆、毛巾、肥皂，说："来！老师给你洗洗！"

"不用！老师……老师……我自己洗！"他的眼圈有点红了。

我帮他洗完了脸、手，并给他搽上点手霜，他高兴得不住用鼻子嗅嗅。

"再想洗脸到老师这里来。"

"谢谢老师。"

看到他那欣喜的样子，我的眼睛也有点发酸。看到他的思想有点变化，我什么也没说，就让他回去了。我知道对于这样的孩子，说教是没有多大的效果的。

事后，我让班里的同学关心照顾他，让他生活在一个温暖的集体中，与他交朋友，开展各项活动时，请他一起参加，不排挤他。慢慢地，他变得开朗了，学生也逐渐开始接受他了。

有一天，小喆主动找到我，对我说："老师，我以前错了。

以后我会好好学习的。"看到他的进步,我为自己的付出感到欣慰,为他的转变感到高兴。

趁热打铁,我又积极寻找他身上的闪光点,以此为突破口,激发他的进取心。慢慢地,上课他开始听课了,还经常举手发言。虽然有时回答得有点不着边际,我还是对他的勇气进行表扬,让全班同学鼓掌激励他。

我发现他在劳动时特别认真。擦窗时,他总是从上到下,不放过一个脏地方,擦好后还要反复检查,因此他擦的窗玻璃总是班里最干净、明亮的一块,这种爱劳动的精神真让人感动。我多次在班里表扬他,要全班同学向他学习。看到他受表扬时那个欣喜的表情,我为自己的做法感到高兴。

我又让他当了体育委员,负责课间操和体育课的秩序。此后,他的表现越来越好,缺点越来越少,进步越来越大。

我还多次找他谈心,肯定他当体育委员的积极表现,勉励他把这种认真负责的精神用到学习上,希望他对自己要有信心,从基础知识开始学习。

我为他制订了各科分步学习、循序渐进的计划。另外我还专门为他安排了一个帮教对象,与他同位,这样就能更方便地帮助他解决学习上的各种问题,照着这个计划进行学习。如今小喆各科成绩能达到六七十分,比以前有了很大的进步,他学习的劲头也就更足了。

这次事件之后,我有以下几点反思。

第一,这样一个学生,能有如此改变,首先得益于让他处于一个宽松、自然、关爱、温暖的环境,这是他能进步的前提条件。小喆和同学关系融洽,被全体同学接纳,同学们主动地照顾他、关心他,让他感到自己也是集体中的一员,感到集体的温暖，从而愿为集体出力。

就像魏书生在《魏书生班主任工作漫谈》一书中说的：班主任常常觉得那些班干部、好学生能帮自己做工作，而那些淘气的学生就不是助手甚至是工作的阻碍，这样思考问题就真的容易把助手逼到对手的位置上。

我们必须坚信，学生不管多么难教育，他毕竟是青少年，他的内心深处一定是一个广阔的世界，而世界必然是假丑恶与真善美并存的世界。

不管学生多淘气，当他站在你面前时，你都要坚信，他的内心深处潜藏着你的助手。你要穿透学生那使人生气的表情，看到他广阔的内心。坚信每位学生的心灵深处都有你的助手，你也是每位学生的助手。

第二，依靠与发扬他本人的积极因素，调动他的积极性，是他进步的动力因素。我发现他热爱劳动，便因势利导，有意识地让他当班级干部，为他发挥自己的长处创造了条件，使他在不断进步的路途上迈出了第一步。

第三，为他制订一个切实可行的学习计划，是他不断进步的关键。根据不同学生的实际情况，定一个他们切实可行的目标，使他们也能感受到成功的喜悦。就如小喆，我为他制定了两个不同的目标，在达到第一个目标后，再开始第二个目标，分步进行，既有基础的掌握，又有一定的提高。

让爱的阳光温暖学生的心灵，让爱的雨露滋润学生的心田。只有心中拥有太阳，才能给孩子们以阳光；只有掌握爱的艺术，才会浇灌出灿烂的希望之花。倾注爱心，撑起教育的一片蓝天。

多交流、多沟通是构建和谐班集体的法宝

青岛市崂山区实验初级中学　杜金柱

　　我认为，班主任工作是一个不断学习、不断创新的过程。班主任老师总觉得每天忙得团团转，可忙的都是一些琐碎的事务性工作，往往忽视了和学生的交流与沟通。现实工作中，我认为，和学生多交流、多沟通是构建和谐班集体的法宝。

　　到现在我担任班主任已经 20 余年，师生关系融洽，学生勤奋好学，班风积极向上。平日里，学生有了学习、成长中的苦恼都愿意向我倾诉，寻求援助，表现出了对我的信任。更有的同学在班里给我起了昵称，因为我姓杜，学生都叫我"杜老班""阿杜"。这都源于我重视和学生的交流和沟通，彼此走进了对方的心灵世界，相互理解、相互信任，正所谓"亲其师，信其道"。

　　我能够重视与学生的交流与沟通，是因为在一次班主任培训中学习的一个教育案例。苏联教育家苏霍姆林斯基看到一位小女孩摘下了花园里最大的一朵玫瑰花，他没有急于去评价，更不是简单地一罚了之，而是与这个小女孩进行交流，走进了她的心灵世界，了解到小女孩是为病中的奶奶采摘了玫瑰花。苏霍姆林斯基又把两朵玫瑰花送给了小女孩和她的妈妈，这保护了小女孩一生中最宝贵的财富——拥有爱心。而小女孩也了解到苏霍姆林斯基是一位善解人意的长者，一位值得信任与尊重的老师。

　　这个故事一直感动着我，成为我做好班主任工作的指南。虽然工作繁忙，我总是安排出与学生谈心交流的时间，

并在班级设置"心曲一解""心灵有约"信箱,及时与学生交流,发现问题,了解情况,使自己的班主任工作做到有的放矢,力求达到最佳效果。

班主任要注意把握
与学生谈话的时机与角度

青岛市崂山区实验初级中学　杜金柱

做班主任的免不了要找学生谈话,或者说学生主动找你,以期解决存在的问题,这样便存在着一个谈话的时机与角度问题。时机与角度不同效果就不同,也就是说谈话的时机与角度的选择直接影响着谈话的效果。

一天,一名学生下课后找到我,说上节课下课后,他看到我们班小倩和十一班的一个男生在走廊上拉手拥抱,行为很不雅观,引起了学生的围观。我听了这个汇报,感到震惊,又感到生气。小倩在本学期接二连三地犯错误,有两次还被学生处的张静主任全校通报,现在她又做出这样违反校规校纪的事情,这还了得。于是我来到教室,当着全体同学的面,对她进行了点名批评,当时她什么也没有说,只是趴在桌子上哭,我也没有理她。放学后,她找到了我,解释她根本没有违犯纪律,而是她旁边的同学造谣生事,老师却批评了她。小倩说话气呼呼的,给人感觉她受了很大委屈。我一看她的表情,意识到我可能真的批评错了。听完她的诉说,我稍停了一下,然后问她:"你是不是感到心里特别委屈呢?""是呀。"她回答。接着我又问她:"老师问你一个问题:人这一辈子,会不会一点儿委屈也不受?"她说:"不会,谁能一辈子一点儿委屈都不受?"我说:"是呀,人都有受委屈的时候,这样人就有一个承受委屈的能力问题。能够承受委屈的人,在委屈面前就能调整好自己的心态,不被意想不到的委屈压垮,活得就刚强,就自我。不能承受委屈的人,一点小的委屈,就可能被压垮。而承受委屈的能力,也不是天生就有的,也是锻炼出来的。每受到一次委屈,挺过来了,承受委屈的能力就强了一点。让我说啊,你今天是占了个大便宜。老师批评你,客观上是在关心你,这点对吧?"她点了点头。"恰恰是老师的失误,让你真实地感受到一次受委屈,如果正确对待,你就有了一次锻炼的机会,你应该感谢老师呢,你说是吧?"听我这么一说,小倩不再生气了,而是笑了。我从人生修养的角度说服了学生,一次误会,却成了一次教育学生的机会,而且是难得的机会。当然我也向小倩同学道了歉,并在班上做了解释,给小倩同学"平反",又表扬了小倩最近在纪律、学习方面的进步,小倩脸上又露出了灿烂的笑容。

这个事件,引起了我的反思,如果当时学生向我反映小倩的情况后,我不在教室里直接批评她,而是单独把她找到办公室,了解情况再做出判断,就不会出现错误批评她的"冤假错案"了。我发现自己的失误后,及时对小倩进行正面引导,虽然她受了一次委屈,但思想上经受了一次磨砺,在老师的鼓励下,又树立了超越自我的信心。我总结出,找学生谈话,只有把握好谈话的时机与角度,才能达到理想的教育效果。

多一分耐心，多一分收获

青岛市崂山区实验初级中学　杜金柱

在教育教学工作中，有苦有乐，有收获也有困惑，感受比较深的就是：当老师，多一分耐心与学生敞开心扉，多一分耐心与学生真情交流，才能为教育教学注入生机。真正关注孩子的成长，善于发现、发扬他们的长处，促进学生身心健康发展，才是我们真正的追求。

一直以来，我认为教书首要一条就是"管"住学生。要想"管"住学生，就得先给学生一个"下马威"，不然的话，学生不怕你，以后的工作就开展不下去了，但是有一件事情，却改变了我的想法。

那是我刚刚接七年级时，我决心在班级同学面前树立一下自己的威信。一次，我和同学们兴致勃勃地讲评作业，当我请一位同学回答我的问题时，我发现他的同桌孙超低着头，瞧他的神态，思想已游离于课堂之外。顿时，我的内心深处涌起一丝不满，决定借此机会"杀鸡儆猴"。于是，我放慢讲话速度，慢慢走到他的身边。全班同学都明显感觉到我的变化，教室里的气氛一下子凝固起来了。孙超同学也感觉到了这种变化，看到我就站在他的身边，脸一下子涨得通红，身子也不由自主地轻轻颤抖。我立即请他重复一下我讲的问题。他听到我叫他，连忙抬起头环顾四周，然后扭扭身子，慢吞吞地站了起来，低头看了看书，又抬头看了看我，课堂上出现了短暂的沉默。很明显，他思想开小差了，不知道我们评讲的内容。我暗自思索："是让他坐下了事呢？还是继续？对，关注一切学生的发展，我只要耐住性子，他一定会知道。"

"你把题目读一遍？"我原以为教学即将顺利进行,可谁知他脸涨得通红,牙齿咬住嘴唇,低下了头沉默不语,周围也响起了窃窃私语声。我暗自提醒自己:耐心！"那你刚才在干什么？"我努力压住心底的怒火,"你能把题目读一遍吗？"我知道,我的声音变得严厉了。"快读呀……"旁边的同学也觉察到了不对劲,悄悄提醒他。可他抬了一下头,看了看我,又低下了头,我分明看到了一串泪珠滴在了他的本子上。教室里寂静无声,全班同学噤若寒蝉。我在生气之余,内心深处隐约有个念头一闪:"难道我错了？"最后,我以"我们找个机会谈谈！"结束了这段"对峙"。

下课后,我和同事交流,了解到孙超同学成绩不够理想,性格内向,难得听到他回答问题,即使说话也是嘤嘤细语,结结巴巴,和别人交流更是"惜字如金"。我又反思到今天的一幕,应该说是在情理之中,可我为什么非要逼着他说话呢？是为人师者的脸面吗？还是我的撒手锏用错了对象……这时,那双泪眼婆娑的眼睛浮现在我的脑海里,一种不安和自责悄悄袭上心头,我真的错了！我不该为了自己的虚荣心而那样做！虽然我有一百种理由为自己的行为做解释,虽然我的出发点全是为了孩子。

于是我带着一份歉疚和期盼找到他,和他进行了一番交流。原来他在小学时因为成绩较差,老师很少提问他,也很少关注他,所以上课时他注意力不集中,没认真听讲,没想到我会提问他。因此,我与他约定,明天上课,继续提问他,但希望他能够自己举手发言。第二天课堂上,我故意分了分神,偷偷观察他的"动静",等待着……他的眼神不时地和我交会,我则向他颔首示意。终于,那只手悄悄地举起了一小半。回答时尽管他的声音还是细若蚊叫,但足以引起同学们的诧异。我俩会心一笑,我如释重负,一位从不开口的学生今天终于有了勇气,重新认识到了自己的价值。

老师的耐心呵护是打开学生心灵的钥匙,一位优秀的教师要有一颗关爱学生的童心。在你年年月月、朝朝暮暮和学生相处时,要多一分耐心呵护童心,关注学生生命的进程。只有老师与学生敞开心扉,与学生真情涌动,才能为教育注入生机。给学生一个机会,可以让学生创造辉煌;给自己一个机会,让我们看到奇迹的发生。老师的一份童心、爱心与耐心,可以让学生创造奇迹。

教会学生与人合作

青岛市崂山区实验初级中学　杜金柱

一天放学后,黄佳佳同学因为值日,留在教室打扫卫生,而我正在讲桌上批阅着还剩不多的几份试卷,他看见后,马上凑过来,当他得知自己考了96分时,高兴地笑出了声。手舞足蹈,神采飞扬。

他继续翻阅着其他已经批阅的试卷,却高兴不起来了。原来他发现自己只排在第三名。于是,他紧张地看着我批卷子,当他看见同学分数比他高时,就轻声嘀咕着:"哎呀,第四名了。""哎呀,第五名了。"当我批到有个同学得98分时,他吐吐舌头,非常懊丧,坚持要求我复查。经过复查,我发现还应该扣去2分时,他又高兴得拍起手来,又蹦又跳。

他的举动引起了我的深思:看到同学取得了好成绩,本应高兴才是,可是他却怕别人比他高,满心希望别人的卷子多扣些分数。这是一种怎样的心态呢?

于是，我停下笔，语重心长地对他说："考试是为了激励大家，而不是保持现状。老师希望看到的是全班同学的进步，而不只是你一枝独秀。"

我又告诉他，攀登珠穆朗玛峰的队员为了保证登顶成功，在距离顶峰还有几百米之处，会把氧气瓶留给可能登顶的队友，而自己留下来看守营房。虽然登顶胜利的人所获得的荣誉将远远超越留在大本营的队员，可是这些队员还是无私地把机会留给了别人。

我还告诉他，在中国国家乒乓球队有许多优秀的队员放弃自己的比赛前途，心甘情愿地充当陪练，只是为了保证国家的荣誉。

听了这些话，他不好意思地低下了头，沉默不言，若有所思。

事实上，像这位同学这样的心态，许多同学都存在，包括成年人。教育孩子要合作不要妒忌，并且使同学间事实上的相互依赖变成有意识的团结互助，应该成为我们教育者的重要任务之一。

二十几年过去了，我用一腔真诚、一片爱心抚平了一批批学生心灵的创伤，感召着一群初涉人生的孩子的良知，激发起他们强烈的求知欲。尽管自己并不曾得到过什么，但我不后悔，我拥有的是一双双期待的眼光、一批批求知的学生。

我们身边不是还有许许多多的老师正用自己的爱心创造了和创造着教育的奇迹吗？有的老师以"尊重"之爱，温暖了一颗颗受伤的心灵，使浪子回头，顺利地完成了学业；有的老师以"慈母"之爱关心体贴着每一个学生，与他们同学习，同快乐，赢得了学生的爱戴；还有的老师以"奉献"之爱敬业爱生，在三尺讲台上辛勤耕耘，深得学生的敬佩……

冰心先生说,"有了爱便有了一切"。爱,使教师的职业更加神圣;爱,使教师的责任更加重大;爱,使师生的关系更加和谐、更加融洽。只要教师能够以炽热的爱去温暖每位学生的心,用高度的责任心、足够的耐心、无微不至的爱心和坚定的信心去感染每位学生,相信我们必定可以撑起一片美好的蓝天! 这世界将变得更加美好!

教育成功的钥匙——尊重学生

青岛市崂山区实验初级中学 杜金柱

美国著名教育家爱默生曾指出:"教育成功的秘密在于尊重学生。"这深刻说明了尊重教育的重要性。苏联著名教育家苏霍姆林斯基提出过一个响亮的口号:"让每一个学生都抬起头来走路!"作为一名教师,要努力使学生树立起自尊、自信,让学生在平等、民主的氛围中健全、健康地发展。

从教二十多年来,每天都有不同的教育故事发生着,每一个故事都让我的心灵受到感触,其中让我记忆最深的是十多年前当班主任时的一个叫王智的学生的教育故事。

学校为了丰富学生的课外活动,建了十几个水泥乒乓球台,下课铃一响,一帮学生第一时间便冲向那里,而上课铃响了还迟迟不回教室,致使上课迟到。我们班的"调皮大王"——王智就是其中一分子,其他科任老师也向我投诉多次,每次找他谈话,他都承认会改。那天上午第三节是我的历史课,上课铃响后我走进教室,王智的座位是空的,直到上课大约 5 分钟后,他才拿着乒乓球拍满头大汗地跑到教室门口喊"报告",这已经是他几周来第 N 次迟到了。望着这个屡教不改的小家伙,我的火气一下蹿了上来,大声冲他喊:"你怎么这么不顾脸面,作业不做,上课不专心,而且经常迟到,你,简直没有一样令人满意的。(我当时气得都有点哆嗦了)把球拍给我,改不了就别拿回去!"看到我很生气的样子,小家伙畏畏缩缩地把球拍递给了我。

接下来的两天,王智有了一点进步,作业交了,上课没有迟到,偶尔还会举手回答问题,尽管答案不对,但起码能参与课堂学习了。科任老师也反映他进步了。我窃喜,原来我的咆哮是有用的。更有用的是没收了他的球拍,看在球拍的份上他是会乖乖就范的,看来再过几天球拍就得给他了。到了第三天,我像往常一样走进教室上课,但王智不在教室。我正想向同学们了解情况的时候,只见小家伙慢慢吞吞地走到教室门口,头扬得高高的,还得意扬扬,摇着身子。"到哪里去了?""打乒乓球。""用谁的拍子?""别人的!""为何又迟到?""我不想上课,而且你不是说我没有一样令人满意吗?那么我上不上课都一样,请你不用管我了。"我一听,这是一个学生说的话吗?什么态度?我让他回到座位上,继续上课。下课后我反思自己,为什么会这样?王智的那句话令我意识到自己教育方法犯了一个很严重的错误:我伤了他的自尊。记得曾经看过的一本书中写道:表扬学生要在人多的地方,用最大声音;而批评则要小声,越少人知道越好。自己当着全班学生的面大声斥责王智,令他觉得很没面子,加上自己随心说的"没有一样令人满意"这句话,令他的自尊心严重受挫,同时大大磨灭了他的自信心。苏霍姆林斯基说过:"学生的自尊心是一种非常脆弱的东西,对待它要极为小心,要小心得像对待玫瑰花上颤动欲坠的露珠。"说真的,自己是在糟蹋一个只有十三四岁的孩子的心灵呀!虽然我批评他是为他好,并无恶意,但毕竟犯了不该犯的错。于是我决定跟王智好好谈一谈,并向他道歉。

第二天上午课间活动,我找到他,问道:"王智,你愿意跟我聊聊天吗?"小家伙看了我一眼,没有吭气,扬着头回教室去了。下午放学后,我将他叫到楼上的活动室,就我们两个人,我让他坐下,他好像还是很有敌意。我诚恳地说:"王智,老师不应该那样说你,是老师不对,你能原谅老师吗?"小家伙还是一句话不说,但头已经低了下来。"其实,老师很欣赏你的,你笑起来很特别,而且很乐意帮助别人,每周都能认真地打扫教室卫生,每天还坚持到校学习,这些很不简单,老师代表全班学生感谢你。"他开始抬起了头,眼睛有些湿润了。"张老师,是我不对,我不应该那样对你说话,我经常犯错,惹你生气,我错了!"小家伙用羞愧的眼光看着我说。"那你能给老师一个机会陪你改正错误吗?我相信你能改掉那些不好的习惯。""老师,我也想改,但坚持不下去,好一两天又犯了,我自己都想放弃了。"我知道,要改变一个人的习惯很不容易,尤其是小孩子,遇到挫折时很容易灰心或者放弃。"你有特长,老师想让你负责班级的体育活动,每周在课外活动时间你带动大家一起打乒乓球,但必须是课外活动时间,你愿意吗?"他抬起头,以一种异样的眼光看着我,并坚决地点点头说:"真的吗?愿意,非常愿意!"我拍拍他的肩膀:"老师相信你的能力,加油!"王智深深地向我鞠了一躬,很自信地回家去了。在接下来的一周中,班级活动他组织得非常积极,很多不愿活动的学生也让他给带动起来了,打扫卫生他表现最积极。班会课上我当着全班学生的面表扬了他,说出他的一些优点,并表示相信王智会改掉以前的陋习,会做得更棒,希望大家相信他、帮助他、监督他,促使其成为班级的"荣誉之星"。每当王智有一点进步时,班长就给我反映,我则及时表扬他、激励他,同时向他提出新的要求;每当他情绪有一点点波动时,我就及时找他谈话,帮他解除困惑,树立他的信心。在班里他越来越讨人喜欢了,他再也没迟到,作业都能完成,尽管质量还比较差;课堂上,他能静下心来听课,并且积极举手回答问题。后来他考取了平度一中,去年他来我家看我,说他青岛大学毕业了,现在在一家公司上班,要求很严,但他做得很优秀,老板很器重他,嘴里一直不停地说:"老师,很感谢你当年给了我信心!"

是的,人都是需要被尊重的,尊重他人同样也是善待自己,尤其是我们老师。老师的尊重是时时刻刻存在的,有时,只是给偶尔犯错误的学生一个真诚的微笑;有时,只是给予学习上碰到困难的学生一个鼓励的眼神;有时,只是给孩子们一声亲切的问候……爱加上宽容加上理解,就汇成了一个博大的海洋,这个海洋就叫"尊重"。

尊重学生吧,你会收获更多的尊重!

"三部曲"帮助家长解决困惑

青岛第六十二中学　姜卫红

第一节课的铃声响过 10 分钟了,他还没到校。没记错的话,这已经是他这周第三次迟到了。他叫周一,是一名品学兼优的学生。所有认识他的人都认为他是二中的苗子。然而,最近他的家里,准确地说是他和父母之间出现了一些问题。

又过了 10 分钟,他还是没来。我在犹豫该不该给他妈妈打电话问一问，心里忐忑不安。话得从两周前说起。

周一的妈妈抱着满腹委屈与困惑来到我办公室，说进入初三以后，知道他学业紧张，况且他自己的目标就是二中，自然压力也非常大，所以家里人是大气不敢出二气不敢进。父母电视不看了；爷爷奶奶有早起的习惯，怕影响他，也搬走了；为了让他有更大的空间，父母把南向的大卧室也腾给了他；妈妈想尽一切办法给他补充营养，光食谱就买了好几本……就是这样，周一的脾气就像秋天的干柴，一点即着。动辄摔门扔书的，尽管如此，父母也尽量迁就着他。他们多多少少也懂得这大概与青春期有关。但是，上周四的晚上，因为妈妈多唠叨了两句，他竟然摔门而走，直到深夜两点回来。可气的是，妈妈说到这，眼泪直打转，他进门看到一直在等候的妈妈，竟然一句话没说，就回自己的卧室了。妈妈准备了早饭他没吃一口，就要出门，妈妈追上来，他竟然像仇人一样狠狠瞪了妈妈一眼就离开了。痛苦、委屈、无奈的妈妈找到了我。

其实在听她讲述时，我就已经想好了如何和她谈。她讲完之后，我首先问她唠叨什么。她说也没什么，就是自己心里不踏实，老怕周一考不上二中。所以心里一急，嘴上的话就多了，周一经常嫌他烦。其实她不说，我也猜得到。只是我想让她知道，问题的导火索是她的唠叨。然后我告诉她，逆反、脾气大、情绪不稳定、顶撞大人、易冲动、不考虑后果等等都是青春期孩子的特点。所以，一旦孩子表现出这些问题，家长不必恐慌。周一的妈妈听了之后，问我其他的孩子也这样吗？我笑着点点头，告诉她有些孩子比周一严重多了，如果引导方法得当，都能平稳地度过。他妈妈似有所悟，问我现在该怎么办。我给她制定了三部曲：第一步，一切恢复正常。该看电视看电视，爷爷奶奶该早起早起，该吃什么吃什么。家长的一厢情愿，无意间给周一增加了更多的压力和紧张，本来他自己压力就不小了，要知道压力堆积到一定程度，一定会爆发的，周四晚摔门而走就是一种爆发。第二步，家长要平静心态。用阳光一样的心态对待儿子的中考，不管儿子成功还是失败，给儿子的永远都是微笑的阳光和鼓励。谈到这儿，周一的妈妈惭愧地对我说："老师，说实在的，其实我内心比周一还紧张，我都不敢想象，他如果考不上二中，我会怎样。"我接着告诉她，如果家长心情不冷静的话，就选择不说话。家长过多的唠叨，只是发泄了自己的焦虑，却增加了青春期孩子逆反和发脾气的概率。我明确地告诉她：周一是一个有自控力的孩子，他的表现与他妈妈的焦虑有关系，如果家长帮他营造一种平和的环境，他完全有能力调整好自己。第三步，让孩子说。把更多的时间给孩子，让他说，家长做一个忠实的聆听者。周一的妈妈接上了话："他以前老谈篮球明星，我不乐意听就打断他，他就抱怨没劲，他现在什么也不说了。"我说："是呀，与你没有共同语言，只好选择不说了。"让孩子把心里话说出来，可以释放压力，与家长的交流自然也会畅通无阻了。

周一的妈妈如释重负地走了。我却担心自己给出的三个建议能否解决她的困惑。两周过去了，也没什么动静，这周周一却迟到了三次了。那么，现在这个电话我到底打不打？最终我决定打一个。电话通了，是周一接的，我的火蹭得起来了，但马上又被我压下去了。我问他怎么不来上学，他说妈妈去早市了，没带家里钥匙，所以要在家里等她——好事，说明他们母子关系缓和了。我又问他，前两次呢？他说最近妈妈像变了个人，对他不再唠叨了，嘴里也不是只有

45

学习一个话题了,把他爷爷奶奶也接回来了,他简直太高兴了。他惊喜地说:"老师,您知道吗?就连早晨陪爷爷练剑,妈妈都同意了。练完剑,再上学就有点晚,迟到,妈妈都没说什么。"我有问他:"今天练剑了吗?""没有,其实我不想迟到,只是想是试探一下妈妈。老妈对我宽松,我也不好意思迟到,可是今天妈妈忘带钥匙了……"

放下电话,我的心一下子踏实了,这说明我给周一妈妈出的主意生效了。他妈妈看来也想明白了,平和了自己的心态,接纳了周一的逆反、脾气大、烦躁、焦虑等问题,并通过自己的努力很好地处理了与孩子的紧张关系。

对于肩负升学和青春期双重考验的孩子,出现上述的问题是极其正常的。家长们望子成龙、望女成凤的急切心情,也是很正常的。只是焦急是解决不了问题的,得有策略地引导。作为孩子们的班主任,我们有责任引导家长首先要平和自己的心态,寻找问题的根源和解决办法,科学地引导孩子,让满心的阳光洒满孩子的成长路!

多一分耐心,多一份可能

青岛第六十二中学 姜卫红

小鹤是一个既普通又特别的初一新生,胖乎乎的,坐在学生中间总是不做声响,默默无闻。七年级四班是我执教生涯里的第一个班级,这个班里有 48 个学生,超过一半是男生,大概是由于我这个新手把控课堂缺些火候,上起课来这个班总是像个炮仗,一点就着,七嘴八舌展开讨论,总是能找到一些让人莫名其妙的笑点。而小鹤在众多活泼的学生中间那么容易被人忽略，她实在是太内向了，甚至怯于上课的时候和老师对视两眼。

之所以说她特别，是因为开学的第一天，班主任悄悄告诉我，小鹤出生后得过重病，智力受到了影响，请我多照顾一些。这个时候再看小鹤，确实不难发现她与别的孩子不同，所有动作都比其他孩子慢且小心，作业本上的字迹总是深且重，而且理解问题和写字速度很慢。随着接触的深入，小鹤告诉我，因为写作业慢，别的学生早早写完的作业，她经常写到深夜也写不完。这样的一个孩子，班主任坦诚地说即使最后只能教到 E 也没有关系，尽力就好。

开学第一周，我时常鼓励学生们多来问我问题。一次课间，当其他学生散去后我照例拐进通向办公室的走廊，余光感觉到有个人跟在我身侧，一扭头，原来是小鹤。她像只受惊的小鹿，先是后退两步，两只手搓在一起，继而鼓起了勇气，小声地对我说："老师好，我……我能来问您问题吗？"我报之以微笑："当然可以啦，老师最喜欢能提出问题的学生。"她似乎得到了满意的答复，应了一声，抿着嘴往后退了几步，飞也似的跑回了教室。我心里想着，真是个胆小但礼貌的孩子，却没想到这就是我们缘分的开始。

自打那时起，小鹤开始经常出现在办公室外的走廊上，每次见到我她总会跑过来跟我说上两句闲话，我渐渐发现这些"偶遇"似乎是她刻意为之。后来跟我熟稔了，小鹤的问题变成了"老师，我能来找您聊聊天吗？""老师，我能给您打电话吗？"并且开始在办公室门口探头探脑，在门缝里冲我招手，但只有在没有其他老师在场的时候才敢推门进来，或者在晚上或者周末父母不在身边时偷偷给我打电话。因为联想到她的特殊情况，我从来没有拒绝过这个温暖的孩子,我们的话题也逐渐从学习拓展到生活中来。她会跟我聊,她在小学时最喜欢的科目就是科学,并总是喜欢待在科学老师的办公室,会告诉我她的爸爸是名英语老师,经常忙工作到深夜,会跟我倾诉她的妈妈不爱她,因为批评起她来很严厉,会跟我抱怨她的考试成绩跟小学时成绩差不多的朋友差了一大截,也会像个情报员,把班级里她觉得不好的行为报告给我,会在我因为班级纪律问题动怒后安慰我,等等。

能够获得学生的信任和喜欢固然是好事,但是总有个小影子跟在身边也着实让人困扰,同事会对我说那个小姑娘又来啦,家人会说是不是又是那个学生给你打电话,但是为了保护孩子脆弱的内心和真挚的情谊,我总是耐心地回应她。这份耐心确实有了回报,第一次月考考试,小鹤就出乎意料地考了40分,要知道这对于一个几乎门门是E的孩子是多么不易。后来我从聊天中知道,因为这份对生物学科和对我的喜欢,即使别的作业实在写不完,她也一定尽力把生物作业写完。我趁势鼓励她说:"你看你生物都能学好,其他的科目只要努力,肯定也能学好的。"她单纯地,不可置信地看着我:"老师,你觉得我生物学得好吗?""对啊,但是老师觉得你的成绩还可以再提高。"

就是这样一个不自信且怯懦的孩子,很努力地学习着生物,经常把课本翻出来看,买课外书籍做练习,还会跟我探讨小狗的细小病毒,她的成绩也在稳步提高,第一学期期末成绩提高到了51分,第二学期期中考试考到了C等级。同事在批阅考场试卷的时候会跟我说,批到了一张正确率明显高得多的卷子肯定是我的这个学生。每当这种时刻,我也会发自内心地为她自豪。小鹤的爸爸告诉我,最近学校组织了给老师的一封信活动,他很自然地想到了我,害羞的小鹤坚决不同意上交,所以他将信转发给了我。小鹤的爸爸在信中感慨兴趣的力量并郑重地感谢了我对小鹤的帮助。

著名教育家雅斯贝尔斯说过:"教育就是一棵树摇动另一棵树,一朵云推动另一朵云,一个心灵唤醒另一个心灵。"对待小鹤的经历使我更加明白,当我们给予孩子更多的关爱和耐心的时候,孩子也会回报以我们更多的努力和希望,每一个孩子都是未经雕琢的璞玉,拥有无限的可能!

大爱无疆,润物无声

青岛第六十二中学　姜卫红

当着世界上最小的主任,与学生朝夕相处的日子里,我每天都在享受着教书育人的幸福。在这片纯净的校园中,播撒希望,辛勤耕耘,收获幸福,虽然有成长的烦恼相伴,但更多的是感动、是欣慰、是在一个个教育案例中体会和总结出来的成就感!

三年前刚接手初一新班,我便发现班里有个小H,非常与众不同。第一次,我和他聊了半个小时,他一直是扭着头,全程反驳,我知道遇到了"小刺头"。在随后的日子里,我发现他的问题远比我想象得更加严重。不讲卫生,满口脏话,不做作业,不遵守一切纪律,不参加任何集体活动。我期待能用爱心和耐心去感化他,但是事情并不像我想得那么顺利。他似乎并不买账,对关心视而不见,对赞扬嗤之以鼻。刀枪不入,似乎是横下一条心要和老师作对了。

即使对他100次的教育不见效,我依然坚信曙光就在第101次。通过家访,我了解到了小H的家庭并不富裕,全家四口租住在一间地下室里。他有一个年幼的弟弟。他父母说，他很多不良的习惯从小学一、二年级就已经形成，父母似乎也对他失去了信心，对他的教育束手无策。通过反复和他父母的沟通，他们同意积极配合老师共同帮助小 H。

利用我校的"多元互助"，我让小 H 自己选信任的学师。他说只佩服班里的小 W。我做小 W 的工作，让他当小 H 的学师，从各个方面帮助他，慢慢将他带入群体中。先从小组值日开始，由小 W 带着小 H 值日，慢慢地，每到他们组值日，小 H 也能不用小 W 提醒，自觉留下来了。在小组讨论中，小 W 也会积极带着小 H 一起，给他发言的机会。不过，小 H 因为自小的行为习惯和学习习惯差，不是一时半会儿能改变的。每次他在班里接话，甚至是顶撞，我都不与其正面交锋，坚持课下找他谈。他有任何的微小进步，我都会在班里及时表扬。有一天，班里的卫生巡视组的同学和我说，小 H 偷偷和这个同学说，他也想参加巡视组。从此，小 H 有了第一份班里的职务。在班级氛围方面，我一直努力营造积极的正能量氛围，发现每位同学的优点，不以成绩论英雄。对小 H，我一直在观察他，捕捉他的转变，有时候有欣喜，有时候也难免有失望。我已经从开学之初的认为只要有关爱一定会转变他，到能平静耐心地等待。

一天，同学和我反映小 H 明知道那天值日却逃了，我第二天故装糊涂，悄声提醒他是不是昨天忘了值日，他低下头说是。我在班里说昨天小 H 忘了一次值日，主动和老师坦白了。我留意到他的表情是惊讶的。他下课过来说："老师，我能不能今天补上昨天的值日？"然后自己主动到后面拿起了笤帚。也许有时指责和批评真不如给予一次机会的效果好。如果当时在班里大声揭露他逃值日的真相，并处罚他，也许结果就不是这样了。

期中考试，他生物考了 47 分，离及格仅差 1 分，有两科不再是 E。在班级的总结会上，我给他颁发了进步奖的奖状和奖品，有他出现的镜头我都特意多照了几张，当他羞涩地出现在镜头里，我发现了开始他用奖品挡住脸，随后笑得很开心的瞬间；知道他是骑自行车上学，每天放学，我会自然附上一句：骑车路上注意安全。就这样一点一滴，坚冰在慢慢融化。

寒假放假前的最后一天，同学们都收拾好书包离校了，我照例检查好门窗，电源，准备锁门。意外看到小 H 在教室门口等我，腼腆地递给我一个盒子说："老师，给你的。"打开，看到里面有一包很普通的糖果，外加一张粉色的便利贴，上面写着："祝老师新年快乐，身体健康。"字不好看，却写得很认真。这是最珍贵的礼物之一。

让我最难忘的是七年级下学期去学农的日子。小 H 每天和我坐在餐桌的最头上，他负责监督同学们有没有倒剩菜剩饭，并且每天主动留下来擦桌子拖地。最让我感动的是，每天吃饭的时候他都会先问我："老师你想要稀饭稠一点还是稀一点，我给你盛？"学农结束，为了鼓励小 H，我们给他了一份特殊的荣誉——学农标兵。

一天，我感觉很不舒服，小 H 问我怎么了，我随口说了句头疼。没想到第二天小 H 给我了带了药，还有 5 颗大枣，对我说："我妈妈说这个治头疼很管用，大枣补血。我一直没舍得吃，老师，我们一人 5 个。"

曾经每天睡前最后想到、早上第一个进入脑海中、令我最头疼的小 H，后来笑容经常挂在脸上，放学主动和老师说声再见，会为了某位同学剩菜倒得多了点而气愤不已。虽然他还有许多不足,但是这些变化足以让人欣慰。曾经花费的大量心血换来这一切进步,值了! 在小 H 身上,我知道了,以爱育爱是真理,但是需要时间,需要耐心去静待花开!

小 H 的案例让我更深地认识到作为一个班主任如何关注个别的后进生,如何用持续的关爱和激励来影响和带动一个个"问题生"。而面对全班将近 50 个学生,平时更多的整体性教育如何进行呢?

2017 年暑假后我又接手了一个初一新班,班名励学。一切又是新的,新的面孔,天真又可爱,一切都得从头开始培养;良好的习惯、班级的文化、向上的班风,都需要从细节处着手,一点一滴养成。常规训练期间,我们班用的是临时教室,但是我还是排了一周的值日表,每天和孩子们一起认真打扫。我始终认为即使待一天的教室也应该是干干净净,整整齐齐的,特别是对于刚来一个新学校的新生,周围的环境会在他们的脑海中形成一种强大的影响力和心理暗示。一周的训练结束了,周五下午放学前,我们得知了以后我们班的新教室,我和孩子们说:"咱们善始善终,只要是我们励学班待过的地方,不要留下半片纸屑。"于是孩子们认真地把这个教室打扫好。周日是报到的日子,要搬去新教室了,一进去就见地上有不少纸花,还保留着周五放学前的一些"狼藉"景象,很显然上个班临走前没有做善后工作。我当即发现不少孩子有了情绪,就对他们说:"孩子们,你们是不是觉得周五离校前我们把原来那个教室打扫得干干净净留给别人了,而迎接我们的是一个不太干净的教室,还需要重新打扫,你们有些心理不平衡了?"不少孩子像是被看透了心思,不好意思地笑了。

　　"孩子们,我们认真打扫好那个教室后,心里高兴吗?"
"高兴!""是为了求表扬吗?""不是。""那何必斤斤计较
呢?送人玫瑰,手有余香。记住:世间万物,能量守恒,失之
东隅,收之桑榆。上天给你关上了一扇门,肯定还会为你打
开一扇窗。也许不是马上就会,但是一定要相信迟早会来
的。"说来也巧,正在这时,有别班的同学推门进来,问有没
有多余的桌椅(每个班人数不是一样的,所以有的教室可能
会少桌椅)。眼尖的孩子立刻回答:"没有多余的。"我们环
顾教室四周,发现这个班级的桌椅数和我们班的人数正好相
同。我灵机一动说:"孩子们,你看,我刚刚说过能量是守恒
的,虽然上个班没有给我们打扫好教室,但是他们给我们留
下了摆放整齐且数目正好的桌椅,我们可以一进来就按照之
前的排位坐好,不用去别的教室找桌椅了,这难道不是另外
一种补偿吗?"我看到了不少孩子眼中的肯定和欣喜。"而
且,从此以后你们就是这个教室的小主人了,自己的家必须
是主人亲自打扫,怎么能让客人动手呢?"我看到很多同学
重重地点头。于是,大家分好工,七手八脚,一会儿就把我们
的新教室打扫一新了。

　　整洁的教室,崭新的桌套,预示着明天会是一个美好的
开始。通过这个案例我再次体会到生活即教育,教育的时机
随处不在又转瞬即逝,需要不断反思,需要更多的教育机智,
更好地抓住教育契机。最美的教育是愉悦的欣然接受的教
育,最高境界的教育是无痕的润物细无声的教育。而所有教
育的基础是爱,是发自肺腑的对教育事业和对学生的热爱。

我接受了来自学生的教育

青岛第六十二中学　姜卫红

　　工作第一年,我遇到了这样一个女孩子。开学第一天军训,她站在队伍的最后一排,不主动和任何人交流,我看着她,不知道该说什么。后来,教官告诉我,这个女孩儿有些跟不上节奏,站一会儿就出虚汗,面色苍白,所以她的训练总是断断续续,大部分时间她自己蹲在树荫下休息。我尝试主动和她说话,她没有太多回应,最多点头、摇头,再无其他。

　　正式开学后,我联系到她的妈妈,她妈妈在电话那头平静地说出了"感统失调"四个字。之后我查找了相关资料,了解到,这是一种类似于自闭症的神经疾病,患者有一定的沟通障碍,智力水平不高。小学二年级,家人发现了她的异常,进入儿童医院治疗,小学五年级跟不上了,父母咬牙坚持,希望她和正常人一同学习、接受锻炼。她妈妈在电话里说:"希望她以后还能具备自力更生的能力,虽然这几乎不可能。"我感觉心像是被揪住了:女孩儿还在一边埋头吃饭,她对自己的命运毫无察觉,也不知道将来会是怎样的。

　　后来,我常规性检查学生的作业本,到了她,想到她妈妈的话,便心想也应该给她同样严格的要求。可是她对我的话没有太大反应,只在我的要求下拿起了笔,却什么也没有记。我试图强迫她与我沟通,但没有用。她的神情变得倔强、委屈、愤怒,脸上写满了拒绝。这之后,我有些挫败感,但又不愿意放弃,便尝试主动地和她"接触",寻找话题,询问她的兴趣,或者只是打个招呼、说声再见,大概一个多月之后,她会笑着和我说再见了。那天我看着她离开教室,很开心,我不知该如何描述那种心情。

第二学期外出学农,我和女孩的妈妈非常认真地通了一次话,问她妈妈:"很多学生可能第一次离开父母,独自在外生活5天,她能照顾好自己吗?"她妈妈明确地告诉我,女孩在自理方面没有问题,穿衣洗漱,在家中已经具备基本的能力,只是偶尔闹了情绪会任性一些。我们安心地到了学农基地。第二晚,我在女生宿舍多待了一会儿,临近熄灯,我发现她始终没有去洗漱,询问了室友我才知道,她每天进入宿舍之后便不再出去,和衣睡,也不上厕所。我从学生那里拿了暖瓶,带她去接热水,刷牙、洗脸、洗脚,换掉衣服。这些她都会,做得非常熟练,但不知道为什么,没人注意的时候,她什么也不做。回到住处已经10点多。那晚星星特别亮,可我满是疑惑,心里很暗淡。

这一学期中,她失踪过两次,一次因为迟到,躲进了厕所,她把自己锁在里面。我们几乎出动了全班女生,才说服她走出来。还有一次比较特殊,那天早上她和家人发生了争执,耽误了上学的时间。早读发现她没来学校,我便通知了她妈妈。我们在学校内外找了一天,直到放学才有消息。原来她坐公交车错过了几站,到了一个完全陌生的地方,在十字路口,被一个卖菜的阿姨发现。阿姨见她孤身一人,瘦小,背着硕大的书包,还一脸不高兴的样子,便问她的来历,但尝试沟通了半个小时,也没能得到有用的信息。阿姨把她带回了家,检查她的校服和书包,这才发现她是六十二中的学生。阿姨匆忙赶到学校,让我们知道了这件事。

天快黑了,我和女孩的妈妈决定赶紧去接她。在路上,我们多少有些怀疑,这个女人是否可信。可是跟随她到了家里,我们看到了走丢的女孩,还有那个女人家徒四壁的环境。女孩还在和母亲生气,母女俩见面相持着,不说话。而那位阿姨看着我和女孩的妈妈,反复地说:"这个孩子需要关爱,你们是妈妈也是老师,一定一定要多关心她。"灯是昏暗的,照在她有些沧桑的脸上。我不停地点头,也不知道是被什么打动了,眼泪一直在流。

女孩儿回来后在家里休息了几天。那晚回来的路上,我观察她的神情,似乎想明白了一些事情。任何一个正常的成年人,长期面对心智不成熟的孩子,多少都会有厌倦的时刻,何况这个孩子可能在某一天就停止成长。女孩现在有了一个弟弟,弟弟的出生分散了父母大部分的注意力。女孩或许早已察觉到自己与别人不一样了,她想得到更多的关注和肯定。她选择用失踪、自我放任的方式引起他们的注意,其实正是因为她非常需要关爱。应该让她感觉自己是被爱的,在这个前提下,我们的要求才有可能被接受。那天她看妈妈的眼神我一直记得,不解、怨恨、委屈、气愤,她的每一个神情似乎都在质问:"你们到底爱不爱我,为什么不能再爱我多一点?"

我并没能够帮她从困境中走出来,但在这段师生关系中,我得到了很多。我感觉自己更像一个受教育的人:或许任何一种教育都应该以"爱"为前提,只讲目标、只提要求的,是训练而非教育。在教育的过程中想要得到学生的认可和改变,只能拿真心来交换,不抛弃、不放弃任何一个学生。

不离不弃,静待花开

青岛市崂山区育才学校 考宁宁

小腾,刚步入这个班级半天,就以和别人的冲突让我认识了他:小眼睛,厚嘴唇,眼神闪烁,不会正眼看老师,即使一瞥，也是带着敌意的。尤其是当老师走近他或叫他时，他会本能地后退，接着很防范地问："我又怎么了？我没干什么。"

之后，随着时间的推移，他的很多问题一一展现：

1. 欺负女同学。班里一个女生学习较差，智力能力较一般孩子偏弱。腾经常无故辱骂该女生，有时故意伙同其他同学以"不是故意的"为理由碰撞该女生，然后以挡路、不长眼等话挖苦同学；有时还在课堂上公然嘲笑该女生，如在生物课上，老师说到小头症的时候，他就嘲笑："某某某就是。"

2. 骂人。不仅对同学，对老师也是出言不逊。

3. 小心眼，睚眦必报。他的问题比较多，只要组长向老师反映他的情况，他就直接指着同学威胁。

4. 撒谎，推脱责任。

5. 对老师敌对心理严重。即使老师想要与他拉近距离，拍拍他或者给他整整衣领，刚要伸手，他的第一反应是后退，充满戒备地问："我又怎么了？"如同一只刺猬遇到危险时的状态，把所有的刺都竖起来迎战。

6. 卫生习惯差，周围的纸屑较多，自己的废纸不及时扔到垃圾桶，桌面和椅子不按规定摆放。

7. 自我约束力差。课上交头接耳，课下到处乱窜。

这么多的问题，导致比较聪明的他学习一降再降，到了目前的 160。

对于他的教育，我没放弃，一方面对他严格要求，决不放松，另一方面发现他的点滴进步及时表扬，同时给他合理的建议，让他不断提高对自己的要求和约束。批评与鼓励相结合，说服与激发自觉性相结合，最主要的是充分调动家长的力量，利用好家校的合力。对他的用心，收到了一定的成效：目前，他能接受批评教育，态度非常好；不再排斥老师，还会对老师笑了,而且是不好意思地笑;与同学关系好了很多,不再欺负女同学;主动收拾好自己的桌面和椅子……

看着他的这些变化,我也很欣慰,总结一下我的方式方法,最有效的是以下几个。

首先,我调动同学的力量,让他感受到同学对他的关爱。一次偶然的机会,因为他和其他同学的矛盾,我找到他,了解情况,开始他态度很强硬,不承认,后来,我跟他说该同学要求我别批评他,说他不是有意的。我看到腾的眼中闪过一丝惊讶和感动,之后我经常在他的背后做工作,如要求他所在的小组长多关注他,相互帮助,这些方法让他慢慢地改变了逃脱值日等坏习惯,自己的卫生、桌面、椅子在各个时间段都在努力做好。

其次,调动家长的力量。一方面我会及时反馈他在学校的不好的表现,当然一定还有他的进步,以避免家长产生放弃的心理,最主要的是我会表扬家长的支持,强调家长的坚持会对他产生的正面影响;在他产生懈怠心理,出现问题时,我让他读他的家长日记,让他从中感悟父母对他的期待,尤其是当着他的面大力表扬他的母亲,这样既加深了母子之情,又增强了他母亲的教育力量。后来他母亲给我发短信:"非常感谢您对孩子的这些反馈,其实一直以来都是您的细心和耐心激励着我在往前走,让我在对孩子失去信心和耐心的时候还能坚持着……"这时,才发现相互鼓励的力量的强大,也证明了自己付出的这些心血是值得的。

最后,及时、有效、耐心地指导和自我惩罚。对于习惯很差的他来说,有时候直接批评效果较差,我会心平气和地对他说出具体的做法和要求,甚至让他自主选择如果他违反纪律被扣分后的惩罚方法,后来因打闹扣分,当天就按他说的惩罚方式——放学后到操场跑 10 圈,他很痛快地接受,并且以后也收敛了很多。

虽说他身上还有很多问题,如交头接耳、课间偶尔的打闹等,但在礼貌、对老师的亲近、与同学的和谐相处等方面他的进步真的是可喜的,良好习惯的逐步养成使他的学习也有了起色,地理达到了 70 分,下降的速度减缓了很多,甚至有上升的趋势了,期待他更好地发展。

沟通增加信任

青岛市崂山区育才学校　考宁宁

初三上学期的期末,对于一个初中生来说是一个关键期。但是时而听到几个孩子在谈论游戏,也听几个家长说起孩子经常看手机,要也要不过来,真是心急。作为班主任,我也挺着急,于是做了一个决定:要求自己拿手机的孩子今天晚上回家交上手机,并且每个家长必须在家长群里公开回复:某某已上交手机或者某某没有手机。很不错,全班 37 个同学,当晚有 34 个回复,看来我这一招还是挺管用的。

隔了一天,某任课老师跟我说:我发现咱班某某同学对你让交手机的事有很大意见,在他的 QQ 说说里发牢骚呢,还说这样的老师是不是有病。这让我想起了也是该生在调位时也有过一次类似的事件,在 QQ 上表达自己的不满。这与他平时给我的印象——忠厚,老实,积极向上,与人为善,乐于奉献——大相径庭。他这是怎么了?我通过 QQ 向他父亲反映了一下这个问题,以便请家长关注,因为当一个学生对老师的管理有意见时,不利于对该生的教育引导,也会阻碍他的发展。抱着一丝怀疑和希望,我又找了当事人,详细地了解了一下情况。该生承认自己确实把我的要求截图并写说说,但是"老师有病"此类的话是他的小学同学的评论,并不是他的言论。我选择了相信,并肯定他发说说表达自己的情绪是正常的行为和表达方式。我假设把他的这一说说和评论发布到网上,问他觉得大众会如何评,他也谈到大众会支持老师的做法。看到他能如此认识,并不是本身对我有积怨,我很欣慰,也释然了。我又赶紧给他父亲发短信进一步阐明了一下事实。这位父亲非常负责任,他给我发来截图,并特意打电话说明自己刚听到消息时的震惊,查看儿子空间后的欣慰。由此,我更加肯定了对该生的第一印象。他没有走歪,没有对老师不恭,只是单纯且正当地表达情绪而已。原因是前两天他的父亲刚在家要求他交上手机或者断网,父子俩有点矛盾,我的要求恰逢其时,他父亲顺势收了他的手机,让他有了一些不满,因此发出了"你呀你,这不是让我们吵架吗?现在好了,我WIFI没了,你满意了"的慨叹。

这一事件,不但让我意识到如何处理"听来的"消息,也让我感受到亲子间的亲密交流、与老师的适时沟通真的非常重要。人与人之间的信任离不开有效的沟通,沟通在化解矛盾和误解的同时,也会增加彼此之间的信任。

一盒樱桃体现出的个人素养
——浅谈质量意识与教育合力

青岛市崂山区育才学校 考宁宁

在崂山,五月是一个美丽的月份。除了山青、水秀、天蓝、海清,还有漫山遍野的、老百姓庭院中的樱桃树,树上挂满了红彤彤、光闪闪的串串樱桃。在绿叶的衬托下,熟透的樱桃分外诱人。

周五,我带了一盒樱桃到学校。中午,请班长拿到洗手间洗一洗分给同学们吃,算是对近几天来因对孩子们严格要求而略显紧张的师生情感的一种弥补。我交代班长:注意把坏的拣出来,别把水池弄脏,拿到班里分给同学们,把果核处理好⋯⋯

我心想,八年级的学生了,这点事应该能做好。可是让我没想到的是⋯⋯

从洗手间到走廊到教室,樱桃洒了一地,甚至在洗手间门旁边的墙上还沾着一颗不成形的樱桃,鲜红的果肉在浅灰色的墙壁上显得那么刺眼;地上散落的樱桃,有的完好,有的已被踩成果酱,在光洁的地面上那么无助,似乎在诉说着自己的委屈;这个狼藉的景象,就是在践踏我的一片爱心⋯⋯刹那间,我有愤怒,有懊悔,有自责。愤怒的是这些孩子,并不是生活在缺吃少穿的年代,何以见到樱桃竟然如此粗鄙地哄抢?更何况大家都在樱桃的产地长大,这也不是什么奇缺罕见的东西?我懊悔,为什么要带这么一盒惹事的樱桃?这不是自取其辱吗?我自责的是如果亲自去洗樱桃,亲手分给同学们,又会是另一种结果吧?

走进教室,一个同学正在分樱桃,各个小组的桌子上的纸巾上都有一小把樱桃,有的同学正在享用樱桃,也有的同学说自己不要,自己家里有。一个男生说:"怎么我没有?"另一个说:"你在洗手间就抢着吃了。"还有的同学说:"×××,你还要吗?"再看地上有三两个完好的通红的樱桃,也有十多个樱桃核,白亮亮的挺扎眼。我强压住不满,一边捡着桃核，一边意味深长地说："这盒樱桃真好，它是试金石，它试出了我们的素质……"这句话触动了不少同学，开始低头找自己周围的果核并捡起来放到垃圾桶里。

我请洗樱桃的两个同学和参与哄抢的同学去打扫走廊与洗手间，几个人都不情愿。班长无奈地说："我保护不了，一个人哪能顶得住一群狼？""我又没吃，凭什么让我扫？"（在教室没吃，在洗手间就已哄抢并吃了不少的同学如是说）""×××也抢着吃了，为什么不让他来打扫？"几个人满腹委屈，但在我的监督下还是将狼藉换成了整洁。

一盒樱桃，真的反映出了学生不同的素养。

可能有人会说，抢着吃也不能说他们素质不高，只是男孩子的玩闹天性。其实不然。这是对自己的一种要求。这些抢着吃并且洒了一地还不能及时清理的同学，他不懂得谦让与分享，不懂得文明，甚至不懂得礼仪，心里有的只是自己的个人利益。

纵观这些抢樱桃的，都是平时纪律意识较差的：上课说话，下课打闹，吃饭插队，饭后多拿水果，说脏话，随便拿别人东西，常喊累，跟老师强词夺理，甚至公然顶撞，还有一个共同点——都不是片区内的学生。父母找门路，就为了给孩子找一个好学校，殊不知，这样的优势其实对孩子的成长来说，也许是劣势，会让孩子以为有钱有关系就可以改变规则，无形中给孩子种下了为所欲为、无拘无束的潜意识。在一个"拼爹拼妈"的时代，最需要拼的不是爹妈的钱财和人脉，最重要的是爹妈良好的素养、良好的教养。从小不好好教养孩子的爹妈，将来自己的孩子只能被社会教养。

针对这一事件我请同学们利用周末写了成长日志，并召开了主题班会，以深化孩子们的文明礼仪行为习惯意识。从日记中,不少孩子谈到了对这种行为的鄙视和无奈;班会课上同学们各抒己见,纷纷说了自己的感受以及解决方式,同学们思想的碰撞确实提升了他们待人接物的高度。

我们育才学校非常重视学生的综合素质,更关注细节,时时处处事事是教育,我们关注学生的日常习惯,对于生活中凸显出的点滴问题,我们都会认真对待和及时处理;将学生身上的问题及时反馈给家长,请家长从家庭教育的角度进一步提升学生的待人处事能力,形成良好的行为习惯。

在人杰地灵的美丽崂山,希望好山好水好的教育合力养育出更为文明的崂山后代。

青春的歌

谨以此文献给初中三年的回忆

青岛市崂山区育才学校　考宁宁　陈国润

周末,陈默和久违了的小学同学李铭等相约打篮球,平日里百投百中的陈默今天仿佛自由的羽翼被无形的铁链紧紧困住,失了准头,紧皱的眉头似乎透露出一丝迷茫,球场上边打边聊起期末区统一考试的情况。

陈默:"喂,你们学校第一在全区多少?"

李铭:"哎,才200多名,你们呢?你考得怎么样?"

陈默:"我们班的'学霸'挺厉害的,班里第一,区里也是第一,我发挥一般,班里第六,级部21,全区30。"

李铭:"这么牛啊,那你应该开心才对啊,为什么闷闷不乐的,我都没伤心呢。"

打了一会儿,同学们走了,陈默看着夕阳下同学们逐渐远去的背影，一动不动，接着一个人疯狂地投篮、奔跑，但是，他的思绪却回到了几天前。

▌师生间的冲突

语文老师给同学们听写，并批改，发下后要求同学们自己找到老师主动改错，不少同学利用课间积极找到老师说明了自己的错误之处，但陈默直到最后一个课间也没去，而且，每个课间都和同学们有说有笑，就是不改错，老师有点上火，宣布听写70分以下且没改错的同学，放学后留下重新听写。但是陈默走了（他的听写刚好70分，以他的水平和能力不应该这样）。对老师的要求不理不睬，老师非常恼火。第二天一早，早自习时间，老师把陈默叫出教室，直接要昨天的改错，陈默将头扭到一边，无所谓地说："没改，没有时间。"老师又说："难道就你忙吗？为什么其他人都能完成呢？你有想过吗？"陈默又辩解道："哎呀，老师我不是刚好及格嘛，再说了，生字这种东西中考根本不怎么考吧。"看着陈默固执的双眼，老师明白现在的陈默什么也听不进去，于是决定下午等他冷静下来和他谈谈心。

▌回忆激情初一

下午，跑完操的陈默与语文老师一边散步一边聊天。

看着陈默一脸紧张的表情，老师脸颊溢出一抹微笑，轻轻地说："不用紧张，你不要把我看作老师，就当是朋友之间的谈话吧。"

陈默默默地点了点头。

语文老师："我还记得初一时有那样一个男孩子，积极向上，经常能在各个办公室看到他严肃认真地问问题，经常看到他在体育课上露出比那骄阳还要灿烂的微笑,那时他和班里另一个男孩是整个级部最受瞩目的几个学生之一。"

老师顿了一顿,看了看身旁的陈默,发现陈默的表情有些微妙的变化,双眼似乎不再那么迷惘,右手似乎在用力握紧校服。

老师接着说:"我这人比较怀旧,那天偶然翻到了军训时的录像及照片,最为突出的就是这两个男孩:纹丝不动地站着军姿;课堂上眼睛一眨不眨地盯着老师,积极举手回答问题,敢于管理班级,积极参加运动会,学习成绩一度进入班级前五,级部前二十,两人双双竞选为班长和体育班长,两个人相互勉励,互相帮助,一步步把班级带得越来越好……你怎么看呢?"

陈默:"老师,我和刘洋不一样。现在的我,我觉得才是真正的我,初一时的我,最想改变自己。我努力,我奋斗,我相信我能创造奇迹,可是一些同学改变了我的想法,将我天真的幻想就那么摔在现实的地上。老师,你懂梦想破碎之后的痛苦吗?初一的时候我不知道有多少次在被窝里独自品尝泪水到深夜,可第二天还要硬挂着微笑,去面对那样的人,那种生活,太痛苦了。"

聊完后,陈默加快了步伐,慢慢地跑回了班级,看着陈默远离的背影,老师的信念没有破碎,反而更加坚定了,她对自己说:"我一定要改变你,陈默!"

▌梦的破碎

英语课上,同学们叽叽喳喳,老师统计作业完成情况,其他同学自读单词,C,D,李铭,F因没完成作业而向老师一一解释原因,C、D满不在乎地跟老师说:"我不会做,我英语一直都不好。"陈默看在眼里，急在心里。C、D继续站着，并挤眉弄眼，发生了口角，老师开始讲课，没有注意他俩的小动作，可刚转身往黑板上写字之际，C、D扭成了一团。陈默很愕然。课外活动邀请C、D一起打篮球，顺便说起此事。C、D则表示："没什么，我爱学点就学点，她管得太多了，我的将来，我爸妈早就打算好了。现在多少人文凭低照样干大事，那么努力干什么。"一不留神，D的眼镜被打碎了，他毫不在乎地说："没什么，不就2000块钱吗？我再配一副就是了。"陈默很震惊。他自己本来应该在乡镇上初中的，父亲托了人才来到这所全区最好的中学。在最好的中学里，同学们不应该是最好的学生吗？应该勤奋刻苦、尊敬师长才对？怎么还有这种学生？但是，他们说的又不是没有道理，自己是很努力，但是这又怎样？真的能实现自己的梦想吗？他就像那年轻的水手，从金光灿烂的苍茫大海上，驶入了惊涛骇浪的浓雾中，迷失了方向。

呼唤君之名

那是一个有着微风且冷清的早晨，因为设错了早晨的闹钟，陈默早早地就进了教室，可令他没有想到的是，班级的门已经被打开了，一进门，他就看到了那个熟悉又陌生的背影。在七年级时，总有两个背影早早地就出现在班级中，但不知不觉中一个背影却悄然消失，只剩下一个背影，是在坚守，又是在等待。那个背影就是刘洋。看到刘洋，陈默自然地就去打招呼："呦，来得真早啊。"可教室里依然沉默着，刘洋依旧专注地看着手中的书，面对曾经是自己最好的朋友刘洋，陈默没有多说什么，回到自己的座位上，睡起了觉。过了一会儿，他突然觉得有人在戳自己的左胳膊，抬起头来一看，是刘洋。

刘洋的眼神是冷酷的,像看待敌人一般的目光直直地刺向陈默。"为什么放弃了,为什么甘愿跪倒在现实面前呢?"刘洋的突然开口让陈默有些措手不及。

陈默懒洋洋地说:"你都这么大了,为什么还是那么天真,什么有付出就有回报,都是骗人啊,哎,还不如好好享受呢,那么努力有什么用。"

刘洋举起了右手,对于刘洋接下来的举动,陈默设想了千百种可能,但唯独没有想到的是,从来不动武的刘洋的右拳狠狠地打在了陈默的脸上,陈默此刻脑中一片空白,只是呆呆地看着刘洋,被惊愕冲击的他一句话也说不出。

刘洋开口说道:"这不是我认识的陈默啊,都一年多了,再怎么沉沦也都够了吧,有什么伤心事跟我们说啊,不要总是把悲伤自己品尝,你还有一群朋友啊!"

陈默看着刘洋的眼睛,这时他才看清,那冷酷的目光下,有无奈,有伤感。刘洋又回到了他的座位,又是一片沉默。接下来的一天,陈默一句话都没有说,课下也只是趴在座位上睡觉。同学们有的担心他过来问他怎么了,他也只是露出浅浅的微笑,摇摇头,什么也不说。

▌奋斗

第二天,陈默没有把设错时间的闹钟调回来,而是早早地就来到了教室,依然是那背影,但两人什么也没有多说,读书,复习,改错题,课上那久违的右手也举了起来,课下陈默也不再是一无所事地到处乱逛。老师也惊异于陈默的改变,他似乎又找到了自己的目标,找到了自己前进的方向,一切似乎都像一场荒诞的梦,一切似乎又回到了那灿烂的初一。一天又一天,过去的陈默又回来了——办公室里匆忙的小跑,课间激烈的探讨,完成一道数学大计算后的欢笑,篮球场上那闪电般的步伐。同学们惊讶于陈默的变化,老师们也好奇陈默为何进步神速,都来问身为陈默的班主任的语文老师究竟是怎么回事,老师也故弄玄虚,说道:"这是我的教学秘密技巧,不外传的!"

时光飞逝,岁月如梭,一个学期的时光就像流水一样悄悄逝去,不留痕迹。一幕幕青春就这样在老师的目光下绽放,看着现在的陈默,老师露出欣慰的笑。

▌青春如歌

走出中考的考场,陈默感到的是一身轻松,原先一窍不通的题在自己的努力下终于熟记在心,原先没背的古诗在自己的紧赶慢赶下也做到了零差错记忆,在考试时也没有觉得卷子有多难。"果然,还是,付出了总会有回报的。"陈默对自己说道。在回家的路上,陈默与刘洋看着道路两旁的梧桐和远处蔚蓝的大海,不禁触景生情,谈起了初中三年回忆,谈起了那些开怀大笑,谈起了那些风雨悲伤,现在看来,无论怎样,那些都是人生中最宝贵的财富。谈着谈着,陈默谈到了那一拳。

陈默:"那天早晨那一拳真把我打懵了,也把我打醒了啊,得亏我平时锻炼身体,否则真的吃不消啊!"

刘洋:"你还好意思说,打的就是你,谁让你一直那么颓废的,我早就忍不下去了。对了,这事,你真应该好好感谢班主任。"

陈默:"班主任?什么意思?"陈默脸上充满了疑惑。

刘洋:"拳虽然是我打的,却是班主任计划的,有一天下午她找我去改作业,突然跟我聊起了你,说你这样下去真的不行,于是我俩就计划了这样一出,我自己的话,还真不知道怎么办。"

看着刘洋纯真的笑容,此刻陈默心中五味杂陈,在离开初中的最后一刻他理解了老师,理解了老师的努力,理解了老师的辛酸。他搜寻那记忆中的一张张定格瞬间,每个精彩的背后,都有一个人,默默地,悄悄地,注视着,期待着,欢笑着,就是她。回到办公室,陈默看到她还是像往常一样,安静地坐在办公室中,她也看见了陈默,还是熟悉的微笑,但这次似乎更加和蔼,

陈默:"老师,刘洋都跟我说了,你们的苦心计划。我真的不会感谢人,这时候也不知道说什么好。"

老师:"哦,那件事啊,没什么,这时候,微笑就好了。"

两人都露出了温暖的笑。

有人常把青春比作一张五彩的画,一本落泪的小说,一场回不去的梦,而我觉得,青春是一首慷慨跌宕的歌,有开怀大笑,有黯然神伤,但歌的最后,总是清缓又悠扬,像一股清泉,流入心田,沁人心房。

将爱潜润到每一位学生的心田

青岛市崂山区第六中学　刘国栋

作为一名班主任,我不奢望我们班的孩子个个成为科学家、企业家,我只要求他们今天比昨天有进步。看着这些孩子们随着年龄的增长思想渐渐成熟,成绩逐步提高,知识不断积累,作为班主任的我,心里由衷地感到欣慰。班主任工作是一项长期的、琐碎的、烦杂的教育工作,是爱心、耐心、细

心的集聚。这么些年的班主任工作,我自认为总结出了一套实用可行的好方法。可是没有两个一模一样的学生,因此教无定法,同样的道理,班主任工作也是常做常新,总会有你意想不到的现象发生。

▍案例

记得刚接手这个班时,班里有位学生上课无精打采,要么睡觉,要么东张西望,虽然没影响其他人学习,但是他对学习压根儿没兴趣,下课了就坐在座位上发呆,很少和同学交流,作业不做,即使做了,也没做完,他俨然成了班里"一尊雕塑"。这样的状况虽说没给班级带来太大的负面影响,可作为班主任的我按捺不住了。我通过跟其交流和向班里同学打听了解到:该同学因为小时候的一次高烧导致手脚行动不便,母亲为此和父亲离了婚,父亲长期在外工作,他成了留守儿童,爷爷奶奶觉得这个孩子受的苦太多,因此从刚进学堂门开始就一再恳求老师不要对孩子要求太严格,让他顺其自然,能学多少是多少。长此以往,他的学习越来越差,性格孤僻,他自己也就干脆破罐子破摔。

经过一段时间的观察,我发现他智力并没有问题,我觉得他并不是别人眼里那根"不可雕的朽木"。于是,我找他谈话,表扬他在学校遵守各项规章制度,希望他以学习为重,自我调整,做一名合格的学生。但经过几次努力,他只在口头上答应,行动上却毫无改进。

此时,我觉得逃避不了,必须正视现实!为了有针对性地做工作,我决定先专程深入他家去家访,进行详细了解,然后设法接近他,清除隔阂,拉近关系,并提示他多参加有益的文体活动。通过几次的接触,我与他慢慢交上了朋友,他也开朗了许多。班里的活动他参加了,下课也不再沉默。只要他的学习有一点进步我就及时给予表扬、激励……使他处处感到老师在关心他,信赖他。他也逐渐明白了做人的道理,明确了学习的目的。

通过半学期的努力,他上课开始认真起来,作业也能按时上交,与同学之间的关系也改善了,虽然和一般的同学比起来还有一定的差距,但看到他那积极向上的态度,我仿佛看到了他美好的未来。

▍案例分析

一、深入地了解每一个学生

苏赫姆林斯基曾说,不了解孩子,不了解他的智力发展、思维习惯、兴趣爱好、才能禀赋,就谈不上教育。了解学生是师生沟通的首要条件,了解学生方能理解学生,才能在互相理解的基础上达到感情上的共鸣,这也是教师的本职工作。

走近学生并不是刻意的,而是在平时的点点滴滴中渗入。在每次接手一个新班级时,我都会让学生站到讲台前大大方方地进行自我介绍,谈他们的性格、兴趣、爱好等,而我则站在一旁细细地听着,做着记录。只有熟悉了每一个学生,教师才能在今后的工作中有针对性地采取灵活有效的措施,学生也会更加信任你,把你当成可以亲近的人。他会和你推心置腹地谈理想,谈困惑,谈感受,这时班主任的教育就会起到事半功倍的效果。

二、用爱心去感化每一个学生

师爱是沟通师生心灵的桥梁。师爱可以激发学生产生巨大的内动力。只有当教师给学生以真挚的爱,给学生以亲近感、信任感、期望感,学生才会对教师产生依恋仰慕的心理,才能向教师敞开内心世界,教师才能"对症下药"帮助学生,达到理想的教育目的。因此教师必须用自己的爱心去感化学生,做到动之以情,晓之以理,寓理于情,情理结合,这样才会产生动情效应,产生较好的德育效果。

三、平等地对待每一个学生

不能否认,由于先天的条件和后天的影响,学生难免存在着智力上的差异。爱优生这是每个教师都能做到的,但是真心地对待每一个后进生,这就有点困难了。这时我们要用爱来包容一切,不能戴着"分数眼镜"来看他们。著名教育家陶行知先生曾说过一句名言:"在你的教鞭下有瓦特,你的冷眼里有牛顿,你的讥笑中有爱迪生。"对那些学习困难的学生,我们应该倾注更多的关心和耐心,我们的爱心像滴滴甘露,让枯萎的心灵苏醒;我们的爱心会如融融春风,给自卑怯懦的学生带来春天的希望。

四、因材施教,循循善诱

"一把钥匙开一把锁。"每一个后进生的实际情况是不同的,必然要求班主任深入了解弄清学生的行为、习惯、爱好及其后进的原因,从而确定行之有效的对策,因材施教,正确引导。案例中的学生情况比较特殊,主要是因为其家庭,因此,我搭建师生心灵相通的桥梁,用关爱唤起他的自信心、进取心,使之改正缺点,然后引导并激励他努力学习,从而为品学兼优的学生。

我想,任何的教育方法只要源于爱,从爱出发,以爱为中心,就可以收到成效。只要教师用宽容之心、理解之心和学生沟通,他们定能愉快接受,自觉改正。让教师和学生在爱中共同成长,在爱中共建和谐的关系。

爱与尊重的力量

青岛市崂山区第六中学　刘国栋

记得有一天，我班一名学生长期不写作业，我打电话喊其父亲过来，本想好好对孩子进行思想教育。但该生一进办公室看到其父亲就神色恍惚、焦虑，慌张情绪溢于言表，最后我终于明白为什么了。孩子一来到父亲旁边，父亲就气冲冲地过来，"啪"的一巴掌打在孩子头上。我赶紧拦住，他的父亲便破口大骂，说他这么不争气，回去好好揍他。我便让他的父亲消消气，做其思想工作，劝说其打孩子不是教育孩子的方法，而应该多关爱、聆听、交流、尊重，站在孩子的角度思考问题，可能孩子也有自己的苦衷，再三叮嘱他回去千万不能再打孩子，经过这件事我想了很多。

一、背景资料

1. 家庭背景

他家来自四川，除了父母他有三个姐妹，父亲出海打鱼，母亲在外打工，照顾妹妹的重担和学习的任务同时压在孩子身上。

2. 学校背景

初一时孩子成绩很好，但是到了初二，孩子开始厌学、迟到，不写作业，而且经常撒谎，受老师批评教育后，产生了"破罐子破摔"的意识，甚至逃学进游戏厅、网吧混日子，写字潦草、马虎而且逆反心理很强。

二、主要问题

厌世，缺乏安全感，对他人不信任。特别是对别人的批评"深恶痛绝"。

得不到别人的赞赏、尊重，没有知心朋友，同学都对他见之避之。

学习缺乏兴趣，厌学，成绩较差，态度不端正。

脾气暴躁，很容易冲动发怒。

对一般老师不够礼貌，有敌对情绪。

爱污言秽语，迷恋手机和上网，行为较庸俗。

自我认识不全面，没有建立正确的人生观、价值观，不能正视自身的缺点。

三、原因分析与诊断

1. 原因分析

初中的孩子正需要父母的呵护，极想得到疼爱，但是父亲对他的打骂和家庭的不和谐使他很少得到亲人的"爱"，花季年龄的他过早地看到了这世界的"悲哀"，产生焦虑、易怒、情绪不稳定等心理特点。人本主义心理学家马斯洛认为：人的需要有七个层次：基本需要，包括生理、安全、归属与爱的需要、自尊的需要；成长需要，包括求知的需要、美的需要、自我实现的需要。各种基本需要没有满足之前，成长需要就更不会产生，就该案主来说——

（1）基本需要满足缺乏

① 亲情的需要：父母常年在外干活，他缺少爱护与关怀。

② 归属感的需要：一直生活在关系紧张的家庭中，回到家中缺少鼓励；在校因为与同学关系不好，没人理睬，游离于集体之外，缺少归属感。

③ 自尊的需要：父亲的教育方式简单粗暴，经常打骂，他得不到周围人的认可，从而产生自卑心理。

这些基本需要没有满足,更不用说什么求知,其学习态度必然是消极的,自我价值迷茫也是必然的。

（2）社会环境的影响

因他家庭经济较困难,他认为再努力也没有什么好结果,还不如过一天算一天,对前途无信心,所以产生各种问题就不见为怪。

2. 诊断

家庭教育的不当、教师的忽视、同学的嫌弃、社会环境的压力使他心理严重失衡,产生了焦虑、脾气暴躁、情绪不稳定等心理偏差和爱污言秽语、厌学等不良行为。

四、辅导过程及方法

根据他的情况,应该对其实施多渠道、综合性辅导。首先,对其本人通过面谈交流直接辅导,主要是进行自尊心、上进心、理想的教育,培养他的自信心,通过行为指导、锻炼他的意志力,让其尽快融入班级大集体。

其次,对影响他的主要因素采取一定的措施,主要是加强与他的父母亲、身边同学的沟通,争取家长的配合以及老师和同学的理解、关心与帮助。

再次,我对他进行全面认真的调查,掌握其更多的信息,发现优点,以便在面谈时能找到共同话题,营造融洽的氛围。

五、结果与反思

经过一段时间的辅导,该生自觉性提高了,作业能按时并且有质量地完成,上课能坚持听讲,课后也能看到他与同学们在一起嬉戏,学习进步明显,期末还被评上了"学习进步分子"。

师生反映:该生学习积极性明显提高,有明确的学习目的,上课开始认真听讲,学习成绩有所提高;能主动参与集体活动,与同学相处融洽,交往能力增强,与一些同学成了知心朋友。而且为班级做贡献时,不遗余力。

其父反映,他在家里比以前也懂事多了,再也不抱怨爸妈,有时也能帮他们做点家务活,回家后几乎没有发脾气、耍性子,作业也能及时完成。他自己也觉得,上课再也不无聊了,与同学们相处是非常愉快的,并希望通过自己的努力,争取下学期取得更好的成绩。

六、反思与思考

从结果看,这次辅导基本上是成功的,还需继续下去,直至他完全能自主学习生活为止。

学校、社会环境对青少年成长影响非常大,因而提高家长与老师自身的素质尤为重要。实行家校联合,为教育增添新的活力,开创教育新天地。

平时要留意后进生和家庭特殊情况的学生,应给予他们更多帮助、关心,转变一位后进生或问题学生比教育好一个优生价值更大。教育他们首先要尊重他们,平等地和他们说话,多鼓励、表扬,少批评打击,多方面去引导他们。把相互的心理沟通放在第一位,育人首先从育心开始。

德育导师制让我有更多的机会接近学生,学会倾听、学会尊重、学会理解,让我更多地走进的学生的内心真实世界,成为他们要好的朋友,我十分高兴。

德育工作不能高谈阔论,要多蹲下身子和学生说话,多站在他们的角度思考问题,多给他们帮助,因为给学生一缕阳光,你会收获一份灿烂。

潜心施教，用心育人

青岛市崂山区第六中学　刘国栋

在我的教书生涯里，"潜心施教，用心育人"这句话永远都不会忘记。多年来，这句话还是如此清晰地留在我的脑海里。我在实际工作中经常会用这句话来扪心自问。

刘华（化名）是我班的一位同学，独生子女，家境不是很好，父母离异，因为忙于生计，不太管他，所以他的独立生活能力比较强，但学习成绩比较差，坏毛病比较多，有"野小子"之称。

他在学校不是迟到就是上课睡觉，有时经常恶作剧。最为严重的一次是在初二的时候，有一次，一位班主任领了一位学生家长来找我，说自己的孩子经常在半路上被刘华拦住收缴零用钱，因低年级孩子胆子小，就乖乖地把钱给了他，已经有好多次了。我听了以后感觉简直无法相信。但事实就是事实，当两方站在一起的时候，刘华承认了这件事，并涕泪俱下地向我保证下次不敢了。

最让人惊讶的是，因为父母双方疏于管教，仅仅每月给他零花钱，更甚者母亲为了弥补自己对他爱的缺失，他要什么就给什么，他慢慢跟社会人染上吸烟的坏习惯。当他对我说出，他这样做就是想让父母多关心自己，别的孩子都跟自己的父母在一起的时候，我听完觉得心里很不是滋味。

晚上我打了个很长的电话给刘华的父母，说了我的计划，并要求他们配合，第一要求他们每天给刘华一定的零用钱，并由我保管，并教育好孩子要节约着用。第二，要求他们不管工作有多忙，也别忘在学习上、生活上多关心关心孩子，陪陪孩子。他的父母向我再三表示感谢，说以后会注意多抽出时间陪孩子，并完全支持我对孩子的教育工作。

第二天，我把刘华叫到办公室，跟他订了个协议。一旦发现刘华哪方面有进步，我总不忘表扬他，哪一方面有特长，也给予相当的鼓励让他学有所长。从此他再也没犯过比较严重的错误，而且因为有了自豪感，自信也回到了他的身上。他学习成绩进步很快，从班级最后几名进步到了中上的水平。

记得一位教育家说过，教育是事业，事业的意义在于献身；教育是科学，科学的价值在于求真；教育是艺术，艺术的生命在于创新。献身、求真、创新的真谛在于全心全意的"爱"。真正的师爱能给学生一方生活的空间，真正的师爱能看到学生闪亮的心灵，真正的师爱能等待学生改正错误，真正的师爱能与学生碰撞出思想的火花，真正的师爱能把学生培育成传递爱心的使者。

作为一名班主任，学生的进步就是我最大的安慰，也是我最大的自豪。在今后的日子里，我会牢记"潜心施教，用心育人"这句话，在我的班主任生涯里继续摸索。

半路接班　且行且珍惜

青岛市崂山区育才学校　牟晓敏

中途接班，我忽然成了"后妈"。在这群"非亲生"的学生身上，总感觉到一种难以名状的陌生感和距离感。无论如何努力，也难以替代前任班主任的位置。因管理理念与风格和前任班主任大相径庭，个别"前任粉"对我的不满与日俱增,不断在班中煽动反对情绪,甚至在网络上谩骂嘲讽。我委屈、愤怒、难过,却只能感慨"我本将心向明月,奈何明月照沟渠"。

正当我这"后妈"孤立无援时,上一届学生带着玫瑰花和蛋糕,唱着生日歌,出现在我的办公室里。走廊上三五成群地站着现任班上的学生,他们有的好奇地往里张望,有的交头接耳窃窃私语,有的和我目光对接后,迅速跑回班里去了。

当天放学,有学生忍不住问我:"老师,今天是您的生日吗?"得到我的肯定回答后,他们竟打开了话匣子。他们非常羡慕我上一届的学生毕业后还能和我亲密无间;同时也感觉我对待他们,总少了一份自家孩子的亲近感。"老师,您是不是觉得我们不如您以前的学生好?"他们的敏感细腻让我震惊,而他们的真诚之言,让我意识到,不是学生没把我当"亲妈",而是我自己先在心中刻下了"后妈"的阴影,阻挡了情感的溪流。想让学生把我当家人,我得先把自己不当外人。

"教育是心的呼唤",心灵的沟通是教师工作的灵魂,这使得教育具有鲜明而强烈的情感色彩。古人云:"欲致鱼者先通水,欲致鸟者先树木。"想取得师生间的沟通,赢得学生的信任,教师必须重视情感的发展规律,应先对学生付出真诚无私的爱,以激发学生的情感。想要堂堂正正地入主班级,唯有真情是打开学生心门的钥匙,情之所至,金石为开。

上届学生来校的第二天,我在班上主动提及前日的生日惊喜,并如是说:"上一届的学生在拥有新老师、新生活后依然对我充满感情,那是我们三年美好情感的沉淀。正如你们对前班主任也有许多不舍。从你们的态度可以看出,他是一位很棒的老师,对班级的建设和你们的教育都付出了情感和努力，你们的难以割舍，是一种肯定、感恩和回报，当你们的班主任，一定是幸福的。我会努力，把过去放在回忆里，接受现在，接纳彼此，奋斗未来！可以吗？"

教室里静悄悄的。慢慢地，有的学生点头表示赞同，然后一句句"可以"像雨后的小蘑菇一样冒出来，而昨天闲聊的几个女生，则笑眯眯地看着我，默默地作拍手状。我想，我用自己的亲身感受和诚挚，启动了部分学生的情感引擎。

"问渠那得清如许，为有源头活水来。"班主任是班级情感的源头和心灵导向。在师生间尚未达到心灵的和鸣前，教师需要"未成曲调先有情"，先付出情感，自觉尝试"转轴调弦"，才能拨动学生的心弦，启动学生的情感，日后的教育才能源源不绝涌向学生的心门。

所谓共情，即同理心，指能深入他人主观世界，了解其感受的能力。工作中，我们感到师生间交流上有困难，多半是教师以成人的、理性的、自我的眼光去看待学生造成的。想要理解学生的情绪、情感变化，教师需要从思想到心理都扮演学生的角色，去感受学生的心理活动和个性行为，才能切中脉门，对症下药。换言之，我们需要"蹲下身子看学生"，偶尔"穿一穿学生的鞋子"。

某日，我正在批改作业，忽然感到背后站了个人。回头一看，"前任粉"三巨头之一。他憋红着脸，像壮胆似的，几近喊出来："我有话对你说。"我愣了一下，请他坐下，他坚决不肯。于是，我站了起来，然后示意他可以开始了。这下他不好意思了，让我坐下听。"要么一起坐，要么一起站。"他犹豫了一下，开口了。一连串的数落，一件一件，时间地点人物事件清清楚楚。内容都是关于我如何处事不公，如何偏心。说到激动处，竟泣不成声。

我欲解释,但转念一想,如果我是一个自尊心极强的人,得有多委屈,才肯在"敌人"面前掉眼泪?得有多在乎,才会清清楚楚地记得每一件事?人非全知,从他的视角,只能看到真相的一端,不明就里也在所难免。十几岁的青春期,一点点情绪都可以渲染成狂风暴雨,他放大自己的主观感受也是情有可原。换成我,我可能也会满腹怨言。所以我想,此刻他需要的不是解释,而是发泄。

我静静地听着,偶尔给他递张纸巾,或在他叙述凌乱时,帮他梳理几句。终于,他不再讲话,低着头,揉着纸巾,不时擦一下鼻子。如果我没猜错,他是被另外两人怂恿进来,让我在众多老师面前难堪的,不料自己动真情"玩失态"了。我拍拍他的肩膀,说:"你的话我都听懂了,我很高兴你能来找我,告诉我这些事和想法。老师不是圣人,在这些事情的处理中,我肯定有考虑不周、做得不好的地方,谢谢你从你的角度指出来。让你感到这么冤屈,老师愿意给你道歉。"

听完,他没有多说什么。我问他愿不愿意听听我的故事版本,他默认,我就一件一件地给他说。他一直沉默,直到我让他洗把脸回去上课,才低嚷一句"谢谢老师",然后离开。此后,他再没有公然叫板。

陶行知告诫教育者:"我们必须会变小孩子,才配做小孩子的先生。"有时,教师应抛开"以己度人"那把标尺,将心比心,设身处地,不时回顾自己的学生时代,唤醒曾经的想法和感受,用学生的眼光看世界,用学生的心感受世界,才有真正的理解,才能到位地教育。一枝一叶总关情,同气连枝,才能通情达理。

著名教育家魏书生说:"心灵的大门不容易叩开,可是一旦叩开了,走入学生的心灵世界中去,就会发现那是一个广阔而迷人的新天地,许多百思不得其解的教育难题,就会在那里找到答案。"我相信,用心、用情、用爱去做教育,一定能精诚所至,叩开学生的心扉,实现师生心与心的交流、情与情的交融。

给心灵做做操

青岛市崂山区育才学校　牟晓敏

从 8 月到 11 月,我们已经连续学习了 3 个月,学生都已进入初三紧张而忙碌的复习中。经过各种大小考试,面对起起伏伏的成绩,学生的焦虑情绪开始与日俱增。一些学生为了更好地专心学习,就提出要和同桌分坐,自己一个人单坐。同学之间的情谊也开始受到挑战。此外,一些学生面对自己低迷的成绩,有点开始不相信老师,课上就自己做试卷,盲目地练题,从而忽视了基础的复习。近期,很多学生来找我聊天,我也不间断地去找学生谈话。每个人都说自己压力很大,心里烦躁。有时,想去放松,又觉得是浪费时间,良心上过不去。针对这种现象,我决定通过班会课来给学生疏导一下情绪。

下午第三节铃声响起之后,我和平时一样,走进教室,面带微笑地告诉学生,今天要上一节特别的班会课,并夸口,这是全国独一无二的,借以引起大家的兴趣。学生听完,都哈哈大笑。这时,活动的时机已到。

学生笑过之后,状态比较放松,我让大家先闭上眼睛,也不告诉他们接下来要干什么。学生闭上眼睛之后,教室里很安静。我让学生在心中默数时间。一、二、三……80 秒过去了，我还是没有告诉学生我们为什么要这样做。有的学生已经忍不住睁开了眼睛。我告诉学生，第一个活动已经结束。学生很诧异。我问学生，当大家闭上眼睛时，眼前是不是一片黑，心里没有底。大家笑了笑。

我告诉他们，初三的学习过程也是这样。当大家闭上眼睛时，就是进入了初三，眼前一片漆黑。因为大家都不知道将来会发生什么，未知总会给人一种恐惧感。这个时候，就要相信老师，老师是过来人，富有经验，会带领大家迎来光明。一直跟着老师来做这个活动的人，睁开眼的那一瞬间，眼前一亮，豁然开朗。因为信任，他们收获了明媚。有的人半途放弃了，也就没有了最后收获的喜悦。有的人在活动中逐渐"睡着"了，他们没有严格要求自己，放纵了自己。所以，在初三我们要相信老师，一直跟着向前走，不半途而废，也不放纵自我，这样才会收获光明。

接下来，我随意找了两位学生，将其中一位的眼睛蒙上，然后让他们走出教室。等一分钟后，再让他们回教室。回来时，未蒙眼的学生要搀扶着蒙眼的学生走过讲台。我在讲台上放了一个篮球和一个凳子。我要求未蒙眼的学生要扶着同伴绕过篮球，走上凳子，再下来。在走的过程中，蒙眼的学生走得很小心，障碍物篮球很轻松地过去了。上凳子时，遇到了麻烦，蒙眼的同学不知道凳子距离自己多远，有多高，脚该抬多高，所以第一次就失败了。这时，我提醒未蒙眼的学生要详细介绍眼前的事物。在他们的共同努力下，他们顺利地完成了活动。活动结束后，我问蒙眼的学生，经过障碍物时，有什么感受，他说心里有些害怕，不知道会发生什么。

我告诉他们，初三的路上，同学们犹如蒙着眼睛走路。我们需要的是去信任同伴，在同伴的帮助下，顺利到达终点。

所以，在紧张的学习中，我们不应该抛弃自己的同学，而是珍惜彼此的情意，一路相扶走向高考。

第二个活动结束后，大家都比较开心，兴趣也逐渐地被调动了起来，我就提出大家闭上眼睛，将手随意放下，然后深吸一口气，再深呼气。如此两次之后，让大家调匀呼吸，试着去感觉好像呼吸不存在一样。接着，放空大脑，什么都不去想，将心沉下去，保持一种相对安静的状态。最后，试着去倾听心跳的声音。五分钟之后，一些学生明显感受到了放松。他们说，有点想睡觉了。这个方法适合在睡觉前使用。如果晚上睡不着了，就可以盘起双腿，双手展开放在腿上，按上述方法，练习一遍，一般就能安心入睡了。

初三学生的压力很大。家长和老师给学生的压力大，学生也对自己充满了希望，所以学生的神经经常处于紧绷的状态。有时，太过紧张，就会失眠。这样不仅影响学习，还更危害身体。学生放松的方法，来释放压力，赶走烦躁。

初三学生基本上是从早到晚都在教室，从事着高能耗的脑力劳动。很少有时间和精力，放慢自己的脚步，去欣赏大自然的变化，品味生活的多彩。第四个活动，我将学生请出教室，让他们去欣赏校园美景，看水中鱼儿的嬉戏，赏楼前繁花的娇艳，去每一个充满绿的地方，感受那份阴凉和舒适。走在操场上，自由地，三两成群，聊着天，谈笑着；或者安静地坐在竹林的石桌旁，读自己喜爱的文字，和心进行交流。

初三不仅有学习，也有生活。他们不仅需要未来，也需要情趣。我们应该适当地让学生走出教室，去感受生活的美好。教会学生在沉重的压力中体悟生活的真谛，让他们学会在大自然中放松自己的身心。更重要的是，让他们学会去爱生活的变化，品味生活带给我们的每一个微小的惊喜，让他们能够"诗意地栖居在大地上"。

每个人都带着笑容,从我的身边走过。有的学生还特意跑到我的身边说:"老师我很开心。"

今天课间一位学生来找我,说周一的班会课让她很感动,也很意外。在初三忙碌的学习中,老师不只是在关注他们的成绩,也在从他们的需要出发,关心他们,爱护他们,帮助他们,让他们在追梦的路上,走得很温暖。她说,很高兴,能够遇到这样好的老师。这或许是学生的溢美之词,但也足够我乐上半天了。

爱与等待

青岛市崂山区育才学校　牟晓敏

伟大的文学家高尔基曾经说:"谁爱孩子,孩子就爱你,只有爱孩子的人才可能教育出好孩子。"是的,老师对学生的爱,更多的是一种精神导向和支持,爱是每一个人都渴望得到的美好情感,是最好的教育。一个充满爱心的老师,必然是桃李满天下的老师。把学生看作自己的孩子、亲人,把爱心传给每个学生也是一种境界。无论世事如何变更,唯有爱能永久。

记得前几年,我刚接手一个高一新班级的历史教学工作,第一节课我进入教室,同学们用一双双清纯透明的双眼兴奋地看着我,可是在这中间我却发现角落中有一个瘦弱的男孩,他的眼中有着忧郁,有着黯然,有着不属于这个年龄阶段孩子应有的神情。我疑惑了,这背后会有着怎样的故事呢?我不禁好奇了起来。在这以后的日子里,我特别关注他,从他的班主任口中我了解到,这个孩子父亲早逝,母亲生病,家中经济来源仅靠他的奶奶早餐摊维持。而这个孩子也许是由于家庭的原因,做什么事情总是容易走神,学习成绩也不是太理想。知道了这些,我开始有意无意地与他接触,安排他成为我的课代表,给他补习功课,课下监督他其他各科的学习情况,当他的成绩有所提高时,我还有一定的小奖励,并且鼓励他积极参加学校组织的各项活动,鼓励他融入集体当中去。一天,两天……慢慢地,他开朗了起来,属于他的活力与激情又重新在他的身上出现了。这种事情对于做老师的我们来说也许并不新鲜,但对于学生们来说,可能这小小的细节可以改变他以后的人生轨道。学生们渴望老师用真心关爱他们,一个眼神的询问,一句关爱的话语,学生们都会本能地感受到阳光般的鼓舞。这些鼓舞都将化为满腔的动力去创造无数人生奇迹。

师爱是学生进步的"兴奋剂",它如春雨一般创造出积极愉快的学习氛围,滋润着干枯荒漠的心田,萌发出一片乃至满眼的绿洲。教育需要爱心也需要等待,需要耐心也需要沟通与宽容。放眼世界上的万事万物,无不是在爱的阳光照耀下,才得以生存成长。小草因为雨露的滋润才能绿遍天涯;花朵因为春风的爱抚才会灿烂怒放。而作为万物之尊的人,他的心灵更是离不开大写的"爱"。爱学生是教师职业的基本要求,也是做好教育工作的前提条件。要以"诚"待学生,以"情"感学生。正所谓"感人心者莫过于情,暖人心者莫过于爱"。

正像歌曲中所唱的"只要人人心中充满爱,世界将会变成美好的人间"。是不是应该多一些爱,多一些等待呢?

幸福是什么

青岛市崂山区第五中学　曲　霞

提到班主任,在很多人的印象里是整天忙忙碌碌、愁眉苦脸的,每天总有干不完的琐事、处理不完的学生问题。因此,很多班主任不禁感慨:"这样的工作何谈幸福？"可是我却能在忙碌烦琐中感觉到班主任工作处处散发着的明媚春光,时时洋溢着幸福的暖意——

那一天,让你们写一篇名为"幸福是什么"的作文。巡视在教室里,看着十五六岁的学生,时而皱眉,时而微笑,或托腮沉思,或奋笔疾书,专注地沉浸在幸福的收获中。我不禁感慨,我的幸福又在哪？

思绪将我拉回了几年前——

永远记得第一次作为班主任走上讲台,我面对48位学生侃侃而谈自己的教育原则,神态自若的背后掩藏了内心的紧张,我知道从那一刻起就注定了我要和你们这群可爱的孩子一起学习、一起生活、一起快乐、一起忧伤……至今还记得你们笑着听我讲话的神情;至今还记得你们发现我的视线后,对我俏皮地眨了一下眼睛;至今还记得办公桌上那几颗小小的感冒药片和一张纸条"老师,我们再也不惹您生气了……"于是,所有的紧张抛之脑后,于是所有的烦恼烟消云散。我开始习惯在讲台上与你们对视,喜欢在说话时寻找你们的眼神,喜欢在讲课时从你们的眼睛中了解你们的思想。你知道吗？每一位走上讲台的年轻老师都会被告知"如果紧张就看学生的头顶",是你们用甜美、纯净如孩童的微笑帮我长大,让我坦然注视听众的双眼。

永远记得那一个下午的灿烂阳光。我们拼搏了一个星期的时间,眼看即将收获,连太阳都在为我们欢笑,然而我们却在运动场上失利了。阳光从教室里悄然离去,微笑从你们的嘴角滑落,愧疚,哀伤,还有愤愤不平,犹如乌云一样盘旋在我们心头。一个声音响起,"老师,都是我们的错";又一个声音蹦出,"老师,下次我们肯定拿第一"……就在这一刻,是否能赢得比赛,是否能赢得掌声,这一切都不重要了,你们这份情谊化为我心头的感动,眼中的泪花。

你们知道吗?我从来不知道一个班级可以有这样的感情,电视剧中的情节往往被我视之艺术需要,是你们用真情让我长大,告诉我家的含义可以很广,告诉我日后每经营一个班级都要有经营一个家的准备。时间流逝,你们已经长大离开,而我,也遇见了人生中新的导师,他们继续着你们的道路,让我在今天继续幸福着。命运的安排,我走上了三尺讲台,命运的安排,我遇见了你们——什么是幸福?这就是。

致已经逝去的初三生活

青岛市崂山区第五中学　曲　霞

著名的教育家苏霍姆林斯基曾说过:"教师要像对待荷叶上的露珠一样,小心翼翼地保护学生的心灵。晶莹透亮的露珠是美丽可爱的,却又是十分脆弱的,一不小心露珠滚落,就会破碎不复存在。"一开始读到这句话时,心里并无太多波澜,甚至还有几丝浅浅的不认同。孩子小不懂事,我们就是要历练他,就是要严格教育,该批评就是要批评,小心呵护哪能培养出栋梁之材！小孩子什么也不懂,应该什么也不会在意。而近几天在读了《一个都不能少》之后,我却对此有了新的理解和看法。纪田甜老师一次军训会操表演的小小案例,让我想起了和上一届孩子一起走过的同样的日子,写成此文谨献给你们——我那可爱的"九四"的孩子们以及你们即将逝去的初三生活。

还记得吗?我们的第一次军训。汗在烈日下烤出来,一滴一滴,缓缓滑过皮肤。久了,再一滴一滴,默默浸透衣衫,直到被太阳烤干,然后重复浸湿,而我却让你们站在那儿一动不动。孩子们,请原谅我当时的疾言厉色甚至是无情,因为我知道初三生活还有多少是需要这样忍耐的,那么便练习忍耐吧。你们做到了,你们拿出了自己的极限去对待军训,你们让所有的教官以及老师们知道了,你们是好样的!说到军训,不得不提及这样一个人,一个从来都没参加过军训,甚至连向左转、向右转都不会的人,对,刘柳同学。永远忘不了,在会操前一天我所说的那句让我现在都后悔的话:"明天的会操,你还参加吗?""老师,我想参加。"会操的过程中,我真是捏了一把汗,而刘柳同学那极其笨拙却又十分努力的样子,我想我一辈子都不会忘记。最终,刘柳真的是零失误地完成了整场会操表演。孩子们,那些在学习成绩上稍差一些的孩子们,高中并不是你们人生的全部,俗话说"条条道路通罗马",只有驾驭着自己自信心的风帆,努力与困难搏斗,才能会到达胜利的彼岸!所以请重新确定自己的方向,欣然接受这正常的,也并不可怕的变化。因为"一扇门如果关上,必有另一扇门打开"。相信刘柳能做到,你们也能做到!

还记得吗?我们的第一次运动会。最忘不了的是那入场式,那中国地图,那可爱的你们和那可贵的集体荣誉感。预演那天,突起大风,毫不夸张地说,十几个孩子立刻涌上前去,护住这幅手绘的纸质国旗,也护住我们一个星期的精心准备!孩子们,从那一刻我就知道我们必将是一个团结的班级,一支无坚不摧的团队,在剩下的仅仅几十天的中考战役中,我希望我们能继续团结着我们的团结,和九年级其他兄弟班一起背水一战,好吗?明晔,说说你吧,跑道上你摔倒了,问你怎么会摔倒,你说怕别人追上。是呀,运动场上如此,中考不亦如此吗?现在,班上有些所谓的成绩佼佼者或是有进步的同学,一脸的兴高采烈,自豪自信,这是可以理解的。你曾经努力付出过,有所收获,自然应该祝贺你,老师们也为你的优秀成绩,为你的进步而高兴。但是,不要以为这样就可以"稳坐钓鱼台"了,成绩只能代表过去。如果你从此就开始沾沾自喜,或是躺在成绩簿上睡大觉,那么一定会被"后来者居上"。何况"山外有山,人外有人",暂时取得一点成绩的同学,不要把你的目光短浅地放在你周围几个人的身上,百尺竿头,要更进一步,继续努力,不要停下前进的脚步。明晔,你的膝盖摔出了血,可是接下来的接力,你又上了跑道。此时,站在中考的赛场上,那时那个义无反顾的明晔却上哪去了呢?那许多个像明晔一样曾经坚持的人又上哪去了呢?可能在压力的包袱下无法调整自己的心态,也可能几次考试的失利后就沉默不语,无精打采。在这样的精神状态下,怎能取得成功呢?其实,周围的一切都没有变,只是你自己的消极悲观的情绪把你笼罩在黯淡的气氛中,使你无论做什么,都缺乏自信心。所以,我们必须乐观面对挫折,冷静分析,正确判断,保持积极态度,决不要在困难面前低下高贵的头。暂时失利的孩子们,不是中考的那一天,鹿死谁手还不一定呢!相信明晔能重上赛道,你们也能!

同学们,我知道你们很累、很苦,可是我们现在的痛苦,比起中考失利后的痛苦,那又算些什么?我们现在的快乐,比起中考成功后带来的幸福,又算得了什么呢?别忘了你们笔下温柔的"语老",幽默的"数老",可爱的"英老",活泼的"政老",严厉的"高老",开朗的"历老",对我们最好、从不发火的"化老"以及发明"浮里定律"的"物老",此时都将化作无穷动力,催你前行,励你成功。别忘了远方好友杨春红的希望,"不管我们成绩如何,在最后的几个月里都拼一拼,也许拼搏过后会累,也许会没有想象的结果,但是,起码5年后,10年后,20年后,我们不会为了当初没有拼搏而后悔。你们就是我的动力,是我在半年学习三年知识的动力,如果你们倒了,我怎么办?那么让我们一起努力,一起为未来奋斗。"

已是深夜,窗外悄无声息,而记忆中关于你们的逝去的初三生活,却越来越清晰,心声亦更荡漾,泛起波澜,一起一伏,如同黑夜里的键盘,咔咔地吐出心底郁郁的语言,震荡,现在只想把它变成美好的祝福。

赏识孩子
平度市崔家集镇崔家集中学　吴敬霞

陈红燕教授曾在其讲座《班级柔性管理的理论和实践》中说过一句话:"每一个孩子都是一朵花,我们只需静待花开。"这让我想起了曾经的那个她。

在我所教班级中有这样一个女孩子，各科成绩名列前茅，唯独语文不好。那天，看着她作文课上和同桌"一直窃窃私语"却"迟迟不动笔"，我就再也按捺不住自己的怒火……忘了当时自己是如何犀利地批评她，只是记得那天，她第一次准时交上了作文，作文题目是"那份不被理解的痛楚"。其中一段是这么写的："老师，不知道为什么，我狂爱着在许多同学眼里觉得很无聊、很枯燥的数学。但是我不喜欢语文，准确地说是非常、极其以及特别不喜欢。每次作文时，总是听着同桌'刷刷'的写字声干着急，手心的冷汗是一把接一把。最后，在下课的倒数几分钟里，'发奋图强'。可是，老师您知道吗？每次下笔要消耗多少脑细胞，每次大功告成后，却又总是那么不尽你意……"

读着这发自内心的一段话，我的心为之一震。翻看一下平时给她的作文评语，原来真的只有批评指责。提起笔，在作文后面我写下了和以往不同的"点评"："玉洁，其实，我理解你对数学的那份'情有独钟'，但我也希望你能喜欢语文，至少用一颗平等的心来对待。因为，在作文上，我一直觉得你是个很有灵性的女孩！只是少了那么一份像对待数学那样的坚持！如果你多一点对语文的耐性，你的语文也会很棒！"后来，语文课上，她积极回答问题了，作文课上，她埋头苦干了……在一次语文模拟测试中，她考了 105 分，历史上的最高分。

记得，美国心理学家詹姆斯有这样一句名言："人性最深刻的原则就是希望别人对自己加以赏识。"这个小小的案例让我有很多思考，原来，赏识的目光可以赢得孩子心灵的共鸣，真情的赞美能令孩子扬起自信的风帆。

不要给学生贴标签

平度市崔家集镇崔家集中学 吴敬霞

一次，上课铃响了，同学们都进了教室，上课上了大约5分钟的时间，忽然外面有个学生喊："报告！"我打开门一看，原来是我们班的亮宇同学，这下我可生气了，严厉地批评了他一顿："你干什么去了？马上就要期中考试了，你还上课迟到？还是准备考二三十分吗？"平时大大咧咧的他这下可急了，急得直跺脚，在原地打转："你冤枉我，我不是迟到，我是给生物老师交作业本去了，这才来晚的。"我的脑中"轰"的一下，是呀，我和生物老师商量了的，为了调动他的学习积极性，让他当生物科代表的。我知道错怪了他，连忙给他道歉，他却气呼呼地走了，几天都不理我。

都说"眼见为实"，可我亲眼所见，还是错怪了学生，这是深刻的教训，因为孩子的心是稚嫩的，一旦你伤害了他，就不容易愈合。我们作为教师在批评学生之前一定要好好想想事情弄明白了吗？千万不能草率去判断、处理。如果学生产生了对立情绪，那么教学就更难进行了。

从学生的角度看：这是个顽皮的孩子，而且他的调皮捣蛋是班级中学生和老师所公认的。他在这个班集体中给大家留下的印象已经定型了——顽皮。因此，一旦出现什么不好的事情，大家的目光首先会集中在他身上。这就是由于平时学生本身的不良习惯和不良行为所造成的。

从教师的角度看：教师看待事情的时候受定势思维的影响，在老师眼里，顽皮的男同学迟到就是因为贪玩，这已经成为一种必然，仿佛不需要任何根据就可以判断的。班主任在没有调查清楚事情之前就主观武断地下结论,是造成这起本可以避免的"冤案"的原因之二。

从批评艺术的角度看:班主任选择在全班面前严厉地批评学生,显然有悖于班主任的处事原则,没有考虑到学生的自尊。因此,学生会觉得更加委屈,以至于班主任道歉之后他都觉得无法接受而不理班主任。

如果再遇到这样的事件,我想这样处理会更好。(在我已经判下"冤案"的前提下)首先,我会真诚地向孩子道歉。然后可以利用班会时间就这件事情做自我反省,并由此推广开来,对全班学生进行教育。一是在没有弄明白事情发生的缘由时不要轻易下结论,以免给别人造成伤害;二是不要总戴着有色眼镜看人,要善于发现别人的闪光点,善于向别人学习。

其次,如果孩子还是不理我,我会给他送一张精致的卡片,写上我最真诚的祝福,表达我的歉意,同时还可以写上鼓励的话语,相信此举可以感动学生,也可以激励他向好的方向发展。

后来,这个孩子和我冰释前嫌,我和他进行两人面对面的谈话,把整件事情发生的原因做了系统的分析和总结。他知道自己以前的形象已经给同学和老师留下了不好的印象,他明白要想老师同学彻底改变对他的看法,他首先应该改变自己。我鼓励他用自己的实际行动赢得大家的认可,一个月后,他那些小错误已经改掉了不少,同时我深深明白作为一名负责任的班主任,用关怀来教育并感染了解学生,使学生明白道理,让学生感受我们的关爱,才是最重要的。

感化造就和谐

平度市崔家集镇崔家集中学　吴敬霞

　　班主任是班级工作的舵手，是学生灵魂的塑造者。而班主任工作的核心又是德育工作。两年的班主任工作，使我切身体会到德育工作对学生的深刻影响。

　　我班有个学生叫陈高照。初一上学期时，上课经常和别的同学一起在课堂上玩儿或者做小动作，也不听老师的劝告，严重影响课堂秩序；下课胡乱打闹，脾气暴躁，同学间经常闹矛盾；在宿舍，和宿舍长吵闹，不按时休息，同学们都嫌弃他；还爱上网，平时作业或潦草或没做，成绩很不理想，每天不是科任老师就是学生向我告状，真让我头痛。于是，我找他谈话，希望他在学校遵守各项规章制度，以学习为重，做一名合格的中学生。但经过几次努力，他只在口头上答应，行动上却原地踏步。看到他不思进取，我的心都快凉了，算了吧。我奈之何？但是，作为人类灵魂的工程师，我怎能不理他，让他变本加厉地闹下去呀！此时，我觉得逃避不是办法，必须正视现实！我内心一横："我不改变你，誓不罢休！"

　　为了有针对性地做工作，我决定先到他家去家访，进行详细了解，然后再找对策。第一次，见到的是他妈妈，他没在家，出去玩了，作业还没写。和他妈妈交流了一会儿，知道他爸爸是开大车的，跑长途，很辛苦，一次还发生了小的交通事故，很后怕啊！他在家也不太听话，妈妈也宠他，这次可能又去上网了。

　　在家访回学校的路上，我内心久久不能平静，像打翻了的五味瓶！我不能只是哀其不幸，怒其不争。于是，转化他的行动悄然进行。我首先召开了关于"孝敬父母"的主题班会,利用多媒体观看生活中感人的父母:辛勤忙碌的父母、艰苦朴素的父母、苍老多病的父母等,然后就这一话题,语重心长地讲述了我自己的父母供我上学,到我有了理想的工作,他们付出了太多太多,得到的却是头发白了,皱纹多了,驼背了,但是他们很开心,因为我没有让他们失望,没有让他们的心血白费,所以我必须好好孝敬我的父母。班会后让学生写品德反思,写自己的心里话。陈高照也写了,但对于父母的感受轻描淡写,本来我挺恼火,又想这也在正常之中,效果不会那么明显,"革命尚未成功,同志仍需努力"啊!接着又开了一次主题班会——"跳出农门,改变人生"。想教育学生作为农村的孩子,上学是最好的出路,只有好好学习,考取理想成绩,才能走出山沟,跳出农门,改变命运。给他们讲述父母今日的辛苦忙碌就是为了自己的孩子以后不辛苦,将来生活得更好。再接着我又进行了家访。这次他在家看电影,作业没写,他妈妈抱着弟弟哄着睡觉。他有点不好意思,因为顾及他的自尊心,我好言相劝,让他好好学习。其实我心里窝着火,回了。

周一晚上,宿舍。熄灯了,他没在,我在厕所找到了他,他正点着烟抽。我心中火气直往上蹿。我说:"你怎么这么不长心眼呀!你让我好伤心呀!我给你谈过几次话了?老师为了顾及你的感受,不想在你妈妈面前批评你,你却不理解我的良苦用心,不懂父母无私的爱,随心所欲,放任自流,父母的血汗钱你花得那么潇洒,你有何权利这样挥霍啊?!人活着一点志气也没有,那还有什么意思,让别人看不起,让父母老师伤心到家,你就这样忍心呀?!"

第二天他写了纸条,还挺委屈。我又一次召开班会——

"谁最委屈？——父母"。接着，我找他谈话，心平气和，语重心长，不带任何批评的意思。我问他："爸爸开车挣钱容易吗？危险不危险？妈妈在家又看孩子又做家务得劲吗？……"这次我看到了希望，因为他哭了（以前他从未掉过眼泪），我让他回去写反思。他的这次反思写得很真诚，很到位，写出了自己的心里话。他决心要改，希望慢慢来，让我相信他。我给予他信心，鼓励他，教他首先学会做人，特别是要学会心疼父母，体贴父母，在学校遵守纪律，踏实学习，考出自己最理想的成绩。后来我给他调了座位，安排了学习助手。他在教室学习的时间也长了，逐渐有老师反映他在进步，同学们的反馈也好了，他的成绩比以前有了大的进步。

回访他家，这次他出去擀面条了，他妈妈的评价是孩子变化很大，回来干这干那，也没要钱上网，作业回来就开始写了，这真是太好了……那年期末考试，他成绩进步突出，我给他发了奖状，以资鼓励。

宽容与信任的魅力

平度市崔家集镇崔家集中学　吴敬霞

在班主任工作中，经常遇到一些性格特殊的学生，他们共同的特点是独立意识强，不易倾听别人的意见或建议，凡事从自己的角度考虑，站在对方的角度考虑得少，在面对老师的管理时，他们很容易冲动，往往会发生正面的冲突。在这些学生身上，即使教育起了作用也很容易发生反复。这样的学生会使班主任感到非常头痛，处理不好也会在班级管理中产生很强的负面作用。

那是春末的一个早晨，我刚来到学校，任课老师就来"告状"："你班李某某太不像话了！"我心中一惊，李某某是我们班上有名的"唱反调大王"，经常在老师或班干部安排工作时"唱反调"，以前有几次对老师不礼貌，但经过我苦口婆心的劝说，最近已经大有进步，不知又做了什么"惊天动地"的事会把老师气成这样。我连忙问："出了什么事？"任课老师向我讲述了头一天下午发生的事。原来，头一天下午放学后，李某某并不是值日生，在三组值日时不停捣乱。任课老师进行劝阻时李某某很不以为然，称自己在和同学开玩笑，根本没有"不尊重别人的劳动"，认为老师多此一举。并在老师叫他时装作听不见，扬长而去。我听了这事后很生气，在向任课老师表示歉意的同时，真想立即到教室把这惹是生非的小子揪出来。李某某以前所犯的错误还历历在目：前些天，李某在数学课上称 50 多岁的数学老师"李哥"，数学老师批评他不尊敬老师，他不服气，认为这是一种亲切的称呼，就跟数学老师杠上了，害得袁老师病发，停课两节。不过我感觉经过耐心细致的引导，他在处事态度方面大为好转，难道以前的教育心血全都付之流水了？但转念一想，冰冷的物体尚有惯性，何况活生生的人呢？学生犯错误，尤其是习惯性的错误，当老师的，当家长的，应该有发生反复的思想准备，绝不能够急于求成或丧失信心。不管别人怎么看，依我对他的了解，他虽然固执、冲动，却也是一个有正义感、知错能改的好同学，我相信他在事后应该有所醒悟。我过早介入此事未必能达到最好的教育效果，还是等一等吧。果然，第三天，任课老师告诉我，李某某已经真诚地向她道歉，并感谢我所做的工作。我说，其实我什么也没有做，我只是做到了等待和宽容，我有的只是对学生的信心和耐心。在当周的班会课上，我不是批评李某某，而就此事加以放大，在全班同学面前表扬他知错就改的好品质，并说老师认为他在学习上的潜力很大，相信他也会在学习上令人刮目相看。那一刻，我看到了他眼中闪亮的东西，那是被人信任后激动的泪花。

如果说"没有教育不好的学生"是唱高调，那么"没有不能教育的学生"则是实实在在的道理。学生毕竟还是孩子，孩子的天性就是渴望独立、就是爱犯错误。班级不可能不出问题，学生也不可能不犯错误，如果问题出在班风或学风方面，就必须特别重视。而对一般性的问题，要适当"容错"，只要学生意识到并努力改正就行了。这就是所谓"有所为，有所不为"。

对学生严格要求，不放松常规管理，但绝不是管得越严越好，跟得越紧越好。对于问题学生更是这样，否则可能引起学生的逆反。而且，教育时机的把握非常重要，这就像烧菜的"火候"或军事上的"战机"，往往稍纵即逝，而把握住时机则可收到事半功倍的效果。

让孩子们自己去解决

平度市崔家集镇崔家集中学　吴敬霞

在班干部的产生过程中，我认为教师的包办代替必定会使班干部失去群众基础，给日后的工作带来不必要的困难，是不可取的！比较好的办法应该是先民主后集中，即先让学生进行投票选举，再由教师权衡。班主任应该对班干部进行教育和培养，鼓励他们既要大胆工作，又要严格要求，注意工作方法。

　　上个学期我班学生在自习时发生了一个事故，一位学生开玩笑，抽掉了另一位学生的凳子，造成了那位学生腿部受伤。我刚听到这个消息时，感到异常气愤。冷静下来仔细思考，我想到，是不是由于我平时管得太多，学生不会自主管理造成的呢？孩子们长大了，他们应该学会自己解决问题。第二天，我对同学们说："昨天我们班级发生了一个事故，老师不想说什么，我想让你们自己去解决，你们看怎么样？"学生们表示同意，然后我退出教室，学生在班干部的带领下自己开了一个班会，并整理了一份班会的记录。班干部们首先自我反思，都认为应该对这次事故的发生负一定的责任。作为一名干部，应该在以身作则的同时担当起监督的作用，班主任老师不在的时候，理应管理好班级，维护好班级的纪律，看到不良现象要及时制止。

　　同学们也发表了自己的想法，如果班级中的每一个成员都自觉遵守课堂纪律，在安静良好的学习氛围下，就不会发生这样的事故。因此在今后的学习生活中我们要牢记这样的教训，避免再发生类似的事件。同学们认为人人都会犯错，认识到错误的严重性并加以改正，杜绝此类事件的发生，不要一错再错，这才是至关重要的。长大的我们，不应该让家长、老师担心了，同学之间开玩笑也应该有分寸，不能太过分，做每一件事都要考虑到后果。同学们对这件事的发生感到十分羞愧与内疚，都认为应该引以为戒，所以大家共同制定了一些规章制度，以此时刻提醒自己，作为集体中一员，今后应该如何做。比如老师在与不在一个样，对同学不开过分的玩笑，不玩危险的游戏；干部以身作则起到监督管理作用等。

　　同学们慢慢学会了对自己的行为负责。后来班上发生两次劳动工具不能使用的情况,班长和卫生委员主动召集班干部商议,最后决定一起凑钱买劳动工具,在他们的共同努力下,我班的卫生环境一直保持着良好,多次获得校卫生流动红旗。

通过这几次事件,我体会到班主任应该坚持民主思想,通过理性和宽严得当的方法来教育学生。理性感化的教育方法可以培养学生遵守班级行为规范的自觉性,增强学生的主人翁意识。学生对班集体建设的目标、方法、制度等有正确的理解,会有自觉做好本职工作的意识,同时也增强了合作意识和自我教育的意识。

家长群交流案例记录

青岛市崂山区第七中学　杨化涛

高考将近,群里交流很是热闹,多位家长甚至打来电话,询问各种"怎么办"问题,其中大多和学生的考前焦虑相关。相关专家表示,考生这几天的最重要事情就是好好休息,调整情绪,以平稳心态迎接高考。

▌案例一:先考的科目并非强项

张先生和女儿晓玲诉说自己在高考前都有不同程度的紧张和焦虑。晓玲成绩一直不错,但是语文和数学成绩稍弱,高考时,这是先考的两门学科,张先生和女儿都担心万一先考的两门未考好,会影响后来的英语和化学。

给父亲的建议——

1. 家长首先要情绪稳定,不要将紧张的情绪传染给孩子,不要总是对孩子说考不取怎么办,避免传递给孩子负面情绪。

2. 家长要配合孩子考试时健康饮食,并帮助孩子在考前做必要的督促检查,比如提前去了解考场周围的交通,准备考试的用品,以此分散紧张情绪。

3. 允许孩子在考前看书、听音乐、做自己喜欢做的事情,不要将考试每天挂在嘴边。

给孩子的建议——

送给考生一句话:"志不强者智不达。"鼓励她要有信心,有了坚定的意志和信心,智慧就会得到充分的发挥。不要担心考砸了。在考试中要有"考一门扔一门,精力放到下一门"的心态。

如果在考试中有紧张情绪,可以通过深呼吸放松法调整情绪,或者暂时放下考题,喝一口水,并暗示自己"我已经补充能量了,现在能够更加进入状态了"。

▍案例二:最近老是撕考卷或扔笔

小美是名高三女生,在最近一阶段的复习过程中,她对难题无从起笔,对容易的题目草率了事,正确率越来越低。面对学习进步速度的缓慢、学习效率的不佳,小美经常会出现撕考卷、扔笔等过激行为,情绪波动越来越大。小美将高考认作为证明实力、展现自我的机会,可是现在平庸的成绩离她的目标相差甚远。她想突破又无从着手,没有方向,感到很累、很疲倦。

小美出现这样的情况明显属于"高原现象",这样发展下去有两种情况:一是越学越烦,像现在这样自暴自弃;二是越挫越勇,成绩稳中有升。只要把握调整好心态,意志坚定,就会趋向于第二种情况的发展。高考出现"高原反应"对考生来说实属正常现象,考生不必惊慌失措,在平时要注意心理调节,排除外界干扰,消除急于求成的心理,沉着冷静,从容面对高考。

给孩子两个建议:一是不畏惧高考,怕字当头,万事难做,简单的事也要变得复杂,要有勇往直前的勇气和气魄迎接考试,选一句能激励自己的座右铭,比如"人生如一杯茶,不能苦一辈子,但总要苦一阵子",心中默念,这样能激发自己学习潜能,提高学习效率;二是不为高考而烦躁,越临近考试越不乱阵脚,不能每天被动地复习,想着应付考试,此时心里会充满更多的压抑情绪,自认为"大局已定",其实在这种情况下,更要严格执行自己的复习计划,不因任何挫折而打退堂鼓,学会从战略上藐视高考,战术上调整策略重视高考,保持平常心。

▌案例三:模拟考"砸了"影响心情

艳艳是一名高三考生,平时刻苦学习,但前段时间的模拟考成绩不尽人意,几乎是高中三年来成绩排名最差的一次,反倒其他默默无闻的同学追赶上来,让艳艳心里很受打击,复习情绪大受干扰。压力大、精力不够、心理烦躁不堪,让艳艳上课经常感到头昏脑涨,学习效率逐日降低,面对复杂多样的题目,脑中一片空白毫无头绪,考上好大学的希望越来越渺茫。艳艳感觉自己高考要"完蛋"了,焦虑不堪。

老师的提醒:模拟考成绩的不理想主要由于准备不充分,知识没有完全掌握。尽管如此,青少年要端正对模拟考的态度,模拟毕竟是模拟,真正目的是查缺补漏。模拟考确实从一定程度上可以对学生在这个阶段的学习能力和学习效果起到一个定位的作用。但是毕竟复习的时间还有限，有的第一轮复习还没有结束，更没有经过第二轮的知识梳理，所以从一定的程度上来讲也只是一次练兵，对待成绩还是要有一颗平常心，考好了不骄傲，考坏了也不泄气。所以要以平常心在"年轻的战场上战斗"，正视考试，摆正心态，考出自己的真实水平！

▌案例四：考前一周仍在"开夜车"

陈女士来电说："我高三的儿子常常做作业做到深更半夜，实在顶不住了才睡会儿，早上天还没亮又起床接着做，我非常担心儿子的身体。"耐心询问下，得知陈女士的儿子成绩忽上忽下，在班里成绩排名也就是中等水平，如果这次高考发挥不好，可能连本科都考不上，故而陈女士非常担心。但每每严格要求儿子，儿子都会大发雷霆，这让陈女士很苦恼。另外陈女士也询问：儿子喜欢吃口味重的东西，高考前儿子的饮食方面是否需要调整？

老师给家长的建议——

1. 孩子虽然睡得好，但能通过自己调节保证睡眠质量，那便不用过分担心，在这种应激状态下，有时候睡三四个小时也是没有问题的，家长不必过分焦虑。

2. 孩子的饮食方面，一要注意规律的饮食，二要注意合理的饮食结构。考前的饮食要尽可能清淡，注意营养搭配，不要让孩子吃得过饱或过于油腻，最好能少食多餐，保证孩子的正常消化，为孩子的学习打下基础。

3. 陈女士作为家长，要做的就是照顾好孩子的基本生活，不要给孩子太多压力。建议陈女士平时是怎么对待孩子的就怎么对待孩子。孩子本身已经很紧张了，陈女士不应再把自己的紧张情绪传染给孩子,不然很容易起争执,对孩子的学习也没有帮助。孩子发脾气也是宣泄的一种方式,压力太大的情况下,人都容易烦躁。陈女士应给孩子更多理解,让孩子感受到家人的支持。

"我的成绩越来越差了"

青岛市崂山区第七中学 杨化涛

班里有个孩子,学习非常勤奋,进入高三以来成绩节节攀升,但因近期成绩不佳而持续萎靡不振。前几天,他过来找我,一直在埋怨自己:"我的成绩越来越差了,我感觉自己也就这个水平了,已经没有能力再提高成绩了,想想我的父母,整天在家里干活儿,离高考没多少天了,我觉得自己全完了,我真对不起他们……"话还没说完,眼泪流下来,失望、痛苦、自责困扰着他。

看着他的痛苦表情,我没有声张,我想我现在能做的就是陪伴和倾听。我也没有劝他不要哭,我觉得应该让他哭出来,或许在流泪的过程中,他的焦虑情绪能得到缓解。此时我悄悄递过去纸巾,然后保持原状,静静地看着他,大脑一直在不停地思索着:"或许我真的应该帮帮他,看他的情形,自己很难走出来,我该怎么帮他呢?"

既然已经来找我了,那就干预一下吧。从他的语言上分析,信息显然不充足,我需要进行进一步的沟通。我看他已经平静下来,就开始了我们之间的对话,我需要找出他的不合理思维。

"看起来你很伤心,你能告诉我发生了什么事情吗?"

　　"我的成绩越来越差了，我感觉自己也就这个水平了，我已经没有能力再提高成绩了。"他开始重复刚才的话。

　　"哦，你是说最近的考试成绩吗？"我一步步深入。

　　"嗯。"他点了点头。

　　"你能告诉我主要是哪个学科的成绩越来越差吗？"我把问题进一步具体化。

　　"主要是数学。"

　　"数学出现了什么问题？"

　　"我从130多分下降到才考90多分，成绩越来越差。"

　　"还有吗？"

　　"别人一学就会，我总要老师解释好几遍才懂，我死定了。"

　　"哦，还有其他的感受吗？"

　　"更气人的是，我一做就错，我真的无能为力了。"

　　从对话中我发现许多有价值的信息，我找出了他不合理的思维方式。针对这样的思维方式，我引导他反思自己对学习的看法和态度，用对话对他的不合理思维进行质疑。于是我们又开始了下面的对话。

　　"我刚才听你说你的数学成绩从130多分下降到才考90多分，看来不止考了一次，最近这一个月考了几次数学了？"

　　"一般一周考一次，到现在考了四次了。"

　　"前三次的成绩怎么样？也是不到100分吗？"

　　"前三次我感觉还行，但是这一次特别差。"

　　"考了四次，这次比较差，你能根据这次考试说明你的数学水平下降了吗？"

　　"反正这次考得不好。"他开始有点动摇了。

　　"你再看看班里数学成绩考过第一的同学，他们总是保持着第一名吗？"

"不能。"

"每个人知识上都有缺漏，没考好，不正暴露了自己的漏洞，从而有了改进的方向吗？"

他点了点头。

"另外，接受快的同学是否常较快遗忘，而你需要再三解释才明白，是不是印象更深刻呢？"

上面对话的目的是引导他认识到自己不合理的思维方式，下一步就该重建合理思维方式了。

"考试中成绩有波动是正常的，并未反映自己真实水平。正确利用考试结果带来的反馈，能使自己更有针对性地复习和提高。接受慢不是坏事，多次反复使你记得更牢固，学得更扎实，更有竞争力。"

从上面的对话中，我分三步走，第一步找出不合理思维，第二步引导他质疑不合理思维，第三步重建合理信念。后续的工作仍然要继续，仍然要扩大干预效果，仍然要帮助他体验用合理思维方式分析问题，提高他面对挫折的心理承受力。

最后，我告诉他，有很多时候，引起自身情绪困扰的并不是考试，也不是分数，而是我们对考试和分数的态度和看法，因此要改变情绪困扰，并不是致力于改变外在的环境，而是应该改变自己对待外在环境的看法和态度等，只有这样，我们才能改变自己的情绪，能够让自己带着良好的情绪投入新的生活和学习中。

"老师,我想回家"

青岛市崂山区第七中学　杨化涛

周六上午的课间操时间,L同学捂着眼睛哭着来办公室找我,一边啜泣,一边断断续续地说:"老师,我……我想回家。"我看到她的这种表现,心中感到非常诧异,这毕竟是个十七八岁的女孩子,怎么哭成一个泪人,而且对旁人视而不见,看来一定发生让她十分伤心的事情了。此时,需要我的冷静处理,于是,我非常镇静地询问道:"发生什么事情了?"

她的情绪依然很激动,啜泣着,两手总是不停地擦拭着眼泪,上气不接下气,欲言又止。我看她哭成这样,索性就不问了,先让她的情绪平复一下吧。我接着微笑着说道:"你一定发生伤心事了,我看你情绪这么激动,你先平复一下心情,慢慢说,别着急。"

就这样大概等待了一分钟,她终于可以说话,而且还是刚才的那句话:"老师,我想回家。"

我再一次耐心地问道:"发生什么事情了?"

"我同位嫌我影响她学习了。"她终于开口了,而且给我提供了重要的信息,但是让我变得更加疑惑了。

"你?影响她学习?能告诉我具体情况吗?"我继续追问。

"她嫌我写字声音大,敲得桌子当当响,今天我在做作业的时候,她就在我旁边使劲摔书。我说了她一句,她就和我吵起来了,然后她说我影响她学习。"她非常委屈,又开始哭了起来。

看起来L同学是个懂事的孩子,但也是个性急的人。在高三这个特殊时期,如果被别人抱怨耽误同学学习的话,他们是承受不住的。这也足以体现出孩子们善良的本性和做人最基本的素质。

"发生这件事后你有什么感觉?"我接着问道。

"我觉得特别委屈,是她冤枉了我,因为我不是故意影响她学习的。她以前提醒过我,让我写字小点声,我一直在改,但是我还是控制不住自己。我从小写字就这样,都习惯了。"

"你有什么办法处理这件事情吗?"我继续发问。

"她提醒了我以后,我开始在试卷底下垫上草稿纸,我感觉没有声音了,但是她说还有,我实在没有办法了。也可能是我性子急了,就和她吵了几句。然后我一写字,她就摔书,到后来她嫌我耽误她学习了……"

我好像有点明白事情的原委了,其实我不想直接干预这件事情,我相信她俩有能力处理好这件事情,再者L同学过来找我不是告状的,她只是过来找我请假回家的,我贸然出手的话恐怕她也不乐意。于是我又问道:"你打算接下来干什么?"

"我想回家,我现在在教室坐不住了,我想回家学习。"

"你这样回家以后会不会让父母更加担心你的心情和学习,还有四天就要期末考试了呀?"

"老师你放心,我回家会向我爸妈说明白的,他们会理解我的,我也不会把这件事情放大。"

"哦,那就太好了,相信你能把这件事处理好。对了,需要我的帮忙吗?"

"嗯……老师我先自己处理吧,如果你出面的话我同位肯定认为我过来向你告状的,这样对我也不好。我只是过来找你请假的,希望你能答应我。"看来她的情绪已经平复了很多,考虑问题也比较全面,我没有理由拒绝,此时给她一个安静的环境冷静处理一下也是有必要的,这也是对孩子们的一种信任,同时也在我的控制之中。

"别忘了到家给我报平安!"我最后嘱咐她一句。

由于学校离家很近,不到十分钟,我的手机短信声音响了,屏幕显示:"老师,我已安全到家。"

我赶紧回复了一条短信:"好的,多换位思考,慢慢学会控制自己的情绪,尽可能对别人产生积极影响,我们是有能力解决这个问题的。"

"我知道了,谢谢老师!"

事情还没有结束,我必须及时跟进,我在整个事情的处理过程中并非主角,而是藏躲在幕后给孩子们及时提供建议的那个人。这件事情的处理和对话过程中我渗透了一种帮助孩子们在学校和人生中成功的理念,也使用了一种心理对话技术。

这种理念应该包含以下三个部分:

1. 我能行。

2. 我能够以自己的力量做出选择,对发生在我自己身上和我的班级中的事情产生积极影响。

3. 我的贡献有价值,大家确实需要我。

在这样的理念下,孩子们能感受到老师和同学们的尊重,有热爱学习的勇气,也有机会学习人生成功的技能。我们的美好愿景是,孩子们在学校里遭遇失败时不要气馁,而是有机会在一个相对安全的生活环境里从错误中吸取教训,感受到老师的信任和支持的力量。

在对话中我放弃使用那种常规的说教式的教育,而是采用了连续追问的心理对话技术,这不仅是对孩子们的尊重,也是对孩子的一种引导和教育。虽然教育不能降低到技术层次，但是在教育过程中施加一定的教育技术也是有必要的。

"老师，我们又被扣分了"

青岛市崂山区第七中学　杨化涛

我的生物课还没有开始，班长就找到我，带着愧疚的表情说："老师，我们今天又被扣分了。"我们的班长总是很负责任，每次班级被扣分后都会及时告诉我。这也是班级的惯例。

"调查扣分原因了吗？"我问道。

"检查卫生的说是地不干净。"

"今天早上没打扫卫生吗？"

"我问了问，值日生说打扫了。"

"没拖地？"

"地也拖了，不过有可能我们起床比较早，宿舍里有点黑，拖地的时候有些碎头发没拖干净，也有可能是值日生离开宿舍比较早，走得晚的同学留下了脚印。"

"那这个问题怎么处理呢？"

"我们宿舍内部先一起商量一下吧，看能否找到解决办法。"

后来，我又找到班长，落实了处理情况，如果还是不能解决的话，我得亲自出马，实地考察，和孩子们一起来解决。不过这件事还真没让我费心思，孩子们自己已经处理好了。尽管还会出现一些扣分的情况，总的来说比以前大有改观，这种结果已经让人倍感欣慰。

很多时候我都在思考，孩子们犯错误是很正常的一件事情，肯定在这个过程中有一些事情做得不好或者不够，比如办事潦草，学习不求甚解，说话毫无顾忌等，如果我们只是盯着班级的分数，只关注结果，忽略被扣分背后的事情，轻视学生成长过程中的错误，就有点舍本逐末了。

从某种意义上讲，错误本身就是学习的大好机会。

单纯从宿舍卫生这个方面来讲，如果宿舍被扣分，我们可以不分青红皂白把整个宿舍的人拉出教室，狠狠批评一顿，该骂骂，该罚罚，最后扔给他们一句："都给我回宿舍整理卫生，不整理好卫生就别回来！"或者"连宿舍卫生都整理不好，你们还能干什么？谁再给我扣分看我怎么收拾你！"

我不否认这种方式的有效性，因为这种管理方式相对简单，班主任也会比较轻松。在烦杂的事物中抽出时间来处理这件事情，本身就没有好心情，哪有什么好的态度对待犯错的孩子们。但是退一步思考，就目前的事情和现在孩子们，这种教育方式或许会有短期效果，班级扣分少也容易被评为优秀班级。从长期效果看，容易产生三种结果：对抗、报复和退缩。

1. 对抗："不就是扣点分吗？至于吗？我就是不好好打扫，我看你能怎么着！"言外之意就是我想干什么就干什么，你不能强迫我。

2. 报复："宿舍才扣两分就这样骂我们，太过分了，我真是颜面扫地，有机会我一定发起反击，找回我的尊严。"言外之意就是我要报复你，就算影响我的学习，为了找回面子，我已经不考虑什么后果了。

3. 退缩：

A．自尊心降低："愁死了,我怎么连宿舍卫生都打扫不好,我的能力真的很一般,怪不得每次考试也这么烂,真是郁闷死了,心里好乱。"

B．偷偷摸摸："真倒霉,怎么这么容易就被抓到了,下次犯错误一定小心点,坚决不能让他抓到。"

从上面的分析我们可以看出,老师们特别是班主任可以改变自己对错误的认识,帮助孩子们改变对错误的看法和观念。由此我想到了女儿非常喜欢的几款电脑游戏,当她在游戏中犯了一个错误时,游戏提示只是再试一次,偶尔也会加上几句鼓励的话。有时候女儿尝试了好多次才会解决一个问题或者进入下一关。这种电脑游戏不会责骂或者羞辱任何一个玩游戏的人,游戏的设计者就是让孩子们不断地尝试,并鼓励他们从过去的错误中学习正确的解决问题的方式和方法。在教育生活中,当孩子们犯了错误时,我们应该做的更多的是帮助孩子们从错误中成长,而不仅仅是羞辱,不仅仅只是表明孩子们的能力不足。当孩子们认识到我们也可以通过犯错误来学习的时候,每个孩子就不会介意为自己的错误承担责任了。当孩子们把自己的错误看作从老师或者同学们那里获得有价值的帮助的机会时,他们其实也应该感受到自己勇于承担责任的骄傲。

治班之道

打造班级特色文化
促进学生和谐发展

青岛市崂山区实验初级中学　杜金柱

我们学校提出了文化立校的理念,加强校园文化建设,开展丰富多彩的德育活动,目的在于培养学生科学的世界观、高尚的人生观和正确的价值观。在文化立校的大背景下,我们级部开展了班级文化建设,着力打造特色班级。让学生在优雅的环境中得到熏陶,在人文、民主的制度下学会做人,学会做事,在丰富多彩的活动中得到全面、主动、健康、和谐的发展。

为进一步提升班级文化建设水平,打造特色班级,深化班级文化的内涵,我们进行了班级文化建设的专题研究。

▌什么是班级文化

班级文化指班级全体成员在班主任的组织下,班级师生通过教育、教学、管理,创设形成的精神财富、文化氛围以及承载这些精神财富、文化氛围的规章制度、活动形式和物质形态。

1. 环境文化(表层)。

2. 制度文化(里层)。

3. 精神文化(核心)。

▌如何进行班级文化建设

一、精心设计环境文化建设,营造向上的生活、学习氛围

班级环境文化是指通过对所在班级环境的设计、布置以

及在此过程中的相关要求而形成的一种文化形态。它是一个班级精神面貌的具体反映,也是衡量班级文化的最基本尺度。

优化教室环境,精心设计文化板块,是创建班级文化的基础。整洁、美观、优雅的室内环境,犹如细雨润物,容易给人营造良好的心境,催人奋进。

班级环境文化主要包括班级的环境布置、座位编排、宣传标语的张贴、板报、墙报的设计以及班级卫生状况。

为精心打造班级环境文化,使各个班级迅速形成特色,我们主要做了以下工作:

1. 精心打造示范班级(10、12、18),在示范班级的引领下,迅速启动班级文化建设。

2. 参观三个班级的文化建设,开展班级文化建设交流座谈会,让三个示范班的班主任进行经验介绍,全面推动班级文化建设。

3. 组织班主任老师互相观摩,总结经验,不断改进,力求班级文化建设科学化、特色化、个性化。

由于各个班级注重个性创造,并善于博采众长,逐步形成了自己独特的环境文化氛围。

比如,各班教室的布局与建设要注重审美的要求,1班设计了"拼搏""惜时"等宣传图片,激发学生求知欲望,激励学生每天珍惜时间;3班设计了"我爱我家"板块,教育同学们热爱班级,热爱学校;8班设计了"每日反思"板块,每天让学生反思:"你今天上课认真听讲了吗?""你今天认真做好值日了吗?""你今天的作业完成了吗?"18班的同学自主创办班级报刊,每天一期,总结小组合作学习的先进经验和心得,介绍自己的学习方法,畅谈自己的人生理想等。

所有班级都增设图书角、生物角，设立了各具特色的班级日志……这样独具匠心的设计起到了润物细无声的效果。

独具匠心的环境文化设计，既锻炼了学生的动手能力，增强了学生主人公的责任意识，又提高了学生的审美情趣。同时为班级的制度文化建设和精神文化建设奠定了基础。

二、建立科学、合理的规章制度，实现学生的自主管理

在班集体中，我们把那些以规章制度、公约、纪律等为内容的，班级全体成员共同认可并自觉遵守的行为准则以及监督机制所表现出来的文化形态称为班级制度文化。

班级制度文化主要表现为班级规章制度。规章制度的好坏，是否科学、合理，是衡量班级文化建设水平高低的一个重要标志。没有规矩，不成方圆，科学、民主、健全的班级管理制度是班级文化的一大核心，是良好班风得以形成的有力保证。

班级建设制度主要包括班风建设制度、文明建设制度、班级管理制度等。

我们在制订规章制度时不仅要注意制度本身的科学完善，还要赋予制度以文化色彩，使其具有浓厚的人文气息。我们主要从三个方面入手。

1. 交给学生选举权和调整权。

交给学生选举权和调整权，给学生以充分的民主，是发挥学生主观能动性的保障。班委会成员通过推荐、自荐，再由全体同学民主选举产生。班委会有权通过评分、考核，调整小组长和科代表。班干部的产生体现了班级管理的"民主"与"集中"，为班级管理带来了生机。

2. 交给学生《班级规定》的制定权。

《班级规定》是建立自主教育的标杆。被学生接受的《班级规定》才会真正起到引导、调整、规范学生行为的目的。所以,开学之初,我们把"班规"的制定权教给学生,放手让学生自己制定《班级规定》,使它成为班级集体意志的体现,成为学生进行自主教育的依据,成为规范自己言行的准绳,使学生既体会到当家做主的快乐,又感到自己肩上沉甸甸的责任。

3. 交给学生品行考核权。

"民主量化管理制度"是本着民主的原则,在《班级规定》的基础上建立起来的。所谓"量化管理"即依据《班级规定》进行品行量化考核,并实行奖励制。这些都由班委会组织、操作。我们坚持实行民主量化管理,把管理自己、教育自己的权利还给学生。

在制定各项制度时,我们引导各个班级遵循以下原则。

1. 民主性原则。

制度是由全班同学利用主题班会时间共同参与讨论制定的,不是某个老师或者某个小团体制定的,这样的制度更能体现人文精神,同学们也更愿意自觉遵守。

2. 科学性原则。

对制定的制度进行反复的修正,使之科学合理,符合学生的心理和生理特征,并便于操作。

3. 全面性原则。

制度约束的是班级的全体成员,要求班级的每一人都要自觉遵守,无一例外。

4. 发展性原则。

某些制度是长期实行的,而某些制度是为了实现班级的短期目标而制定的,随着时间的推移,必须要及时地调整。

制度制定之后,为了使制度得到落实,我们引导班级采取了以下措施。

1. 培养高素质的班级管理队伍,明确职责。我们注重学生干部的培养,为此,级部多次对学生干部进行了培训,使他们明确了自己的工作职责,并在短时间内掌握了一定的工作方法。

2. 建立科学合理的管理模式,组建考核小组,并对考核小组进行培训。

3. 充分发挥班级舆论的监督作用,各个班级除了设立检查量化考核小组,还设立了监督岗,负责对管理人员的监督评价。

4. 各个班级对于检查考核的结果,要公开、公正、及时、准确,要每周进行公布,实行奖惩。

班级制度建设的进一步完善,对班级精神文化的建设和形成提供了有力的保障。

三、深化班级精神文化建设,培养正确的价值观,实现共同的追求

班级精神文化是指班级所形成的价值观、道德观、行为方式、人际关系、集体舆论以及各种认同意识所表现出的文化形态。它是班级文化建设的核心内容和深层结构要素,也是班级文化建设的出发点和落脚点。

班级精神文化是班级文化的灵魂,是班级文化的最高层面。精神文化的建设将直接决定班级成员的群体素质,决定班级的发展方向,而其核心内容便是班风的建设。

我们主要采取以下方法塑造班级的班级精神文化。

1. 民主管理——唤起学生自立。

在班级文化建设过程中,充分发扬教育民主,创设宽松、和谐、开放的教育环境,使学生在老师指导下主动、积极参与,形成师生间双向交流。鼓励班主任根据班级具体情况,发挥学生的聪明才智进行高效能的班级管理,唤起学生的自立意识。

2. 自定班风、班训——激发学生自悟。

各班班风的制定注重过程的教育作用,放手让学生讨论酝酿,在此基础上确定富有班级个性的班风、班训,张贴于室外宣传栏。各个班级学生设计班徽、班旗,编写班歌。这种由学生心底通过自悟流淌出来的班级精神,最能叩击学生心灵,其效果远远超过空洞的说教。

3. 每周最佳——培养学生自信。

为充分调动学生参与班级管理及学习的积极性,每周一次的评选必不可少,除了评选常规的项目外,各个班级还设立了具有特色的奖项。

比如,12班设立的奖项有"班级工作最出色""学习成绩最优秀""遵守纪律最自觉""赶超先进最突出""改正错误最坚决""勤学好问最主动""作业书写最认真"等。

1班的奖项更有特色:"打破砂锅问到底——勤学好问奖""我爱我家——关心集体奖""我型我秀——多才多艺奖""有事您说话——乐于助人奖""行万里路读万卷书——学识渊博奖"。

由于这些奖项的设计新颖独特,覆盖面大,极大地增强了学生的自信。

4. 轮流写作《班级日志》——促进学生自律。

《班级日志》由同学轮流记录。可以记自己的心路历程,可以记班级轶事,可以发微知著,可以以小见大。《班级日志》是班集体成长和发展的见证,是集体弘扬正气的阵地,是集体良好舆论的导向,是师生交流的谈心亭,是联系师生情感的纽带和桥梁！轮流写班级日志，对培养学生的自律意识起到了关键的作用。（在这一方面，18班的班级日志最具特色。）

5. 班誓词诵读——教育学生自强。

为激励学生，让学生以积极的态度面对每天的生活，设计了独具特色的班誓词。每天进行诵读，铿锵有力的誓言教会了学生自强不息："顽强拼搏，取鹰之志而凌云。奋发向上，用实力证明。1（7）班无与伦比，势夺第一！"

6. 每日对话——激励学生自尊。

每天早晨，小组的两个成员之间，有时是教师与学生之间，都要进行这样的对话：（1）昨天作业到几点？（2）昨天的收获是什么？（3）昨天的遗憾是什么？（4）今天准备做什么，怎么做？

通过每天的对话，让每个同学反省昨天，规划今天，激励学生要自尊自重，不断挑战自我。

当然，各个班级塑造班级精神文化的方式还有还多，相信随着我们研究的深入，班级群体成员的素质一定会得到更大的提高。

四、以活动为载体，促进学生良好品格的全面养成

活动性教育就是多层面、多方位、多渠道地开展班级活动。为提高学生素养，培养学生正确的价值观念，结合团委的工作，我们开展了一系列活动："我与经典同行——《弟子规》诵读演讲"活动，"文明礼貌伴我行""拥抱亲情，感恩社会"征文演讲比赛等，"除陋习，树新风"签字活动，中学生辩论赛等，以此不断提高学生的思想素质和道德水平，有助于学生在实践中去体验，去发现，使学生通过亲身实践获得大量的感性认识，并通过自己的思维加工，得到理性认识，再运用到新的实践中去,从而培养学生仁爱、接纳、尽责、诚实、坚韧、公正、谦卑、感恩、信心等品格。

我们还提倡各个班级建设班级网页,开通班级博客,使之成为班级对外宣传的窗口、对内交流的平台,这有助于增强班级凝聚力,丰富班级文化活动,实现课外生活的多元化。班级博客是班级文化建设的有利补充和完善。

丰富多彩的活动,进一步推动了班级文化建设的发展。

班级文化建设的教育影响

班级文化是"潜在的教育""隐形的教育",具有间接而内隐的教育影响,具有如下特点。

1. 渗透性。

班级文化对德育的影响不同于灌输,它把思想教育寓于各种具体可感的情景中,在影响方式上具有潜移默化的渗透性。良好的班风、丰富的文化生活、优美的班级环境,潜移默化地影响着学生的日常思想行为,促进学生素质发展。

2. 导向性。

我们常常可以看到一个原来品质较差的学生,调入一个生气勃勃、奋发向上的班级中,班主任并没有对他采取特殊的教育措施,他的散漫言行却能逐步有所收敛,渐渐改正,并能够跟上集体的步伐。这其实就是班级文化导向性在起作用。这说明班级文化一旦形成就具有明确的导向性,规范着班级学生的观念和行为。

3. 凝聚性。

良好的班级文化像一块"磁铁",学生通过班级和谐的心理氛围、良好的人际交往,得到鞭策和鼓舞,强化集体道德认同感,增强集体组织强度。

4. 激励性。

班级文化倡导正确的价值取向、健康的审美情趣、优秀的人格品质，形成一种催人向上的教育情境，无疑会激励学生，努力进取，发奋学习，热爱生活。班级文化与学生的成绩并不矛盾，班级文化培养的是学生的情商，是非智力因素。随着情商的提高，学生的成绩也必然会得到提升，学生也因此体验享受学习的乐趣。

▌班级文化建设的误区

1. 包办化倾向。

很多时候，班级物质环境的设计常常是班主任说了算：安排些什么内容，悬挂哪句励志格言，本期板报该写什么等。这样的环境，有时就只成了给外人看的摆设。

改变：老师可以鼓励学生积极参与，体现自己的主人翁地位，并给学生提出一些建议：布置要符合学生的年龄特征和心理特征；要主题鲜明，富有挑战性和个性。

2. 活动化倾向。

这种错误倾向主要表现为将班级文化理解为开展大量的活动，因而在班级文化建设中对班级行为文化及与之相关的班级物质文化进行了大量的投入。由于忽视了班级精神文化在班级文化要素中的核心地位，没有适时地将行为层面和物质层面的班级文化建设成果归结到班级精神文化中去，尽管这种班级文化具有一定优势和特色，但因为其与班级精神文化没有建立联系，所以这种班级文化往往表现为"没有灵魂的班级文化"。

改变：选择恰当的时机，以深入人心的方式对班级文化进行提炼表达，并适时地通过传统沟通对其进行强化。

3. 短期化倾向。

这种倾向主要表现为"三周的热度",班主任受到某种影响,要开展班级文化建设,兴致勃勃地开办了几周之后,往往因为看不到明显的效果,而在不知不觉中放弃了班级文化建设的努力。

改变:班主任要加强对班级文化纵向发展的研究,揭示班级文化建设各个阶段的特点及各个阶段之间的相互联系,在"班级文化建设应从哪里开始"和"班级文化建设应该如何推进"这两个问题上做到胸有成竹。

对班级文化的探讨我们还只是处于初级阶段,我们会不断创新、不断进取,更深入地探讨班级、校园文化建设,阅读文化、阅读思想、阅读精神,打造有利于学生成长的人文精神家园,为学生的终身发展奠定基础。

感恩和放手,
让班级和教学工作一路畅通

青岛第六十二中学　姜卫红

我就是一名普普通通的中学教师,一名中学班主任。19年的班主任工作,化作 4 个字:感恩＋放手! 其实,我们每个人最应该说的就是感谢。心存感恩,我们才会快乐,充实,年轻,健康;敢于放手,学生才会绽放精彩。在这近 20 年的班主任生涯里,我一路与感恩、放手相伴而行。

培养学生管理班级

1. 学生的班级,学生做主。

新初一或新接的班级的前两个月,班主任说了算。大事小事,必须经过班主任同意。在这期间,组建班委会和班级一切机构,制定班规和细则。两个月后,规矩有了,习惯有了,班级一切步入正轨,班主任就可以放手给班干部。这也是民主和集中有机结合。

2. 学生的班级,学生管理。

班级委员会由常务班长、学习班长、纪律班长、体育班长、生活班长、卫生班长文艺班长等组成,负责班级日常班务,进行班级决策和策划。"公安局"负责班级秩序、纪律、财务和学生人身安全,并行使调查权。"法院"负责诉讼和裁决,行使执行权,负责班级稳定。"检察院"就问题进行检察和监督。合适的奖惩,是班级正常运转的依据和保障。总之一句话,让班级的一切都有规可依。

3. 学生的班级,学生检查反馈。

班级管理所涉及的一切,不在多,在于落实。哪怕我们一周就抓一件事情,比如迟到。但一定落到实处,通过这一周一定把迟到解决了。班级有一套行之有效的系统,会让我们省很多力气的,也是查漏补缺的好办法。在班级运转过程中,会出现好多问题,要有发现问题的眼睛、正确反馈问题的态度、及时解决问题的能力。上述的班委会、班级"公安局"检察院""法院"就会出色地做好这些事情,不用班主任操心。我所带的班级,不需要靠班看自习,不需要课上课下监视。我不在"家",班长就是代理班主任,小问题班委会就搞定,大问题会请教兄弟班班主任或校领导,我没有理由担心。2018年10月我去东营参加"全国班主任研讨会",恰逢学校举行校运会,学校征求是否为我班派一名代班主任,我谢绝了。当时领导半信半疑,毕竟这是刚接手的一个"大名鼎鼎的班级"。结果我班不仅没出问题,而且获得了运动会精神文明班,团体总分甲组第三名。收到班长短信时,我的心中被感激充溢着。

4. 学生的班级,学生为重。

第一,班级的一切规定和奖惩都要放手给学生。作为班主任一定要敢于放手给孩子们主持班务,即便搞砸了,也是成功的失败;班主任必须言出必行,这是学生的榜样和旗帜。如果你说"再吃零食,就罚你给全班同学买",其实只是随便一说,没有也不想兑现。这样不仅不服学生心,更糟糕的是下次再说时,学生心中有的只是对老师的蔑视。

第二,班主任始终与孩子站在一起,有时候帮孩子遮掩一下缺点,孩子会用百倍的努力来回报我们。曾经教过一个喜欢拿别人东西的学生。家长向我询问想证实一下。我当时没多想,就想不让孩子受到刺激,就否认了。后来孩子特感激,就慢慢改掉了坏毛病。就在不久之前,已经在58中读高三的他回来看我,谈起此事,孩子眼里满是泪光,说一个天使般的谎言让他成为一个正直的人。他告诉我其实他的父母当时知道我在帮他遮掩,但也装作相信,称我们都是天使。三十好几的人了,头一次被称为天使,我激动得不知如何了。

第三,真心对孩子,孩子定会真心对我们。这要求爱心与严厉相伴相随。孩子的过失不管多么严重,如果不是出于恶意,就不应该责罚他。切忌讽刺、挖苦、处罚,而是要在平等、和谐、融洽的关系中同他们摆事实、讲道理,真正以情动人、以理服人,给予他们更多的宽容。善待错误,尊重学生人格;细节入手,严而垂范,让无痕教育沁人心脾,这是管理的最高境界——无为而教。

第四,五条准则,让班级和谐。凡事教师率先做出垂范;把倾听和激励送给学生;真心体验学生的处境;迂回战术,留给足够的空白和宽容,供学生进步。我的班级有条不紊,我要感激我的学生们,他们的自觉自制、团队精神带给了我荣誉和信心。

▋ 班主任的学科成绩一定成为榜样

班级工作做得好的班主任,其学科教学一定很棒。班主任的影响力自然也是非凡。

1. 学科的班主任效应。

班主任所教的学科,应该是学生最受重视、成绩也是最好的学科。因为班主任学科具备以下优势:享有天时,所教学科一般是主科,享有龙头的地位;地利指的是各种条件齐全;在人和方面,备受家长和学生的重视。班主任所教学科,任何时候,任何班级,任何情况,成绩不好都是不可以原谅的,只有这样才能为其他学科做好榜样。

2. 学科成绩的突出让班主任的人格魅力大放光芒。

班主任对学生的了解远胜于其他教师,所以不管备教材还是备学生都可以更充分。孩子重视,家长配合,课堂纪律等方面较其他学科都格外出色。所以,成绩自然也会好,自然会得到学生、家长的爱戴与佩服。

3. 与其他学科和睦"相处"。

班主任学科自身的性质决定了其受重视的程度,所以班主任切勿和其他学科争抢时间和人心,相反应把自习和关注更多地送给其他学科,把课后作业更多地让给其他学科,在各方面协助其他任课教师,这样既赢得同事的感激,赢得学生的佩服和家长的认可,又顾全了大局,为家长和科任教师的和谐关系搭建桥梁。

▌送给终身受益的习惯

我们要感恩,要赞美,自己快乐的同时也会带动和感染我们的学生。工作中点滴积累,会带给孩子终身受益的礼物。比如,正确使用批评与表扬,正能量会在孩子心中沉淀、形成习惯。

（一）让心平气和地接受批评与表扬成为一种习惯

批评就像是冰水,表扬好比是热敷,彼此的温度不相同,但都是疗伤治痛的手段。批评往往能使我们清醒,凛然一振,深刻地反省自己的过失,从而激起奋进的劲头。批评的种类很多,因人因班因生而不同,但不管哪一种,用到好处都会收到意想不到的效果。

1. 批评的种类。

宽容式批评:在特定的环境下,宽容孩子的错误会激起孩子的感激,收到十倍的效果。学生不小心打碎了教室玻璃,我找人悄悄地换上了。过后,孩子主动承包了教室的公物管理,岂不是美哉?

暗示式批评:用委婉的语言,说此及彼,巧妙地表情达意,让学生思而得之。利用小故事、笑话、逸闻、寓言进行暗示,会收到意想不到的效果。

激励式批评:批评的目的是为了让孩子健康地成长,孩子的成长需要的是激励。即便是批评,也让孩子感觉老师是在真心地帮助他们,自尊心和自我形象也得到了保护。比如,李阳同学的作业写得极其潦草,但由于他经常不写作业,所以我是这样说的:"今天李阳同学的作业及时上交了,很好。如果换一种字体书写想必会更好。"第二天他不仅交上了作业,而且字也写得端正多了。

幽默式批评:教育学生,并不是越严就越好。幽默、风趣地阐述道理,会帮助学生消除尴尬和紧张,在笑中改正错误。一位女生早晨打了点眼影,我把她叫了过来,风趣地说:"你的眼睛今天格外漂亮迷人。"她心里自然明白,含笑不语,以后就再也没见她打眼影。

启发式批评:借身边的故事、轶事进行说理,能够引起学生的联想、对照和反省,在启发中改正错误。比如,我要批评几个男生不走楼梯,而是从把手滑下来。我就和同学们聊起了 2009 年某中学楼梯伤亡事件,但对本班的事只字没提。这几个男孩心知肚明,以后就没发生过类似的事情。

无痕式批评:批评无痕,不会伤害学生的自尊和面子,不会引来抵触情绪,却有着惊人的力量,于无声处听惊雷,在心与心的愉悦感悟中改正错误。

2. 批评的原则。

分清主次:并不是每个错误都要批评的。有碍班级发展、稳定的批评要不得。偶尔的迟到或说话,就可以不批评,给个眼神就可以解决。

借势而发:批评的时机很重要。比如,感觉班级纪律有问题,考试的前一天批评不合适,而考试过后结合成绩进行说事,就恰到好处。

刚柔相济:并不是批评就要板起面孔,提高嗓门。把"硬接触"变成"软着陆",在"苦药"上抹点糖,药性不减,但光芒锐减,岂不更好?一位学生染发,我屡劝不改,生气吼叫是不管用的。不妨引导他自己认识错误。我安排他到学生会纪检部检查纪律,要求每天早晨配戴袖章进各班教室。第三天他自己就把齐脖的黄发剪成了齐耳的黑发,因为工作的性质决定了形象的问题,他的家长都觉得奇怪。每一个学生都是有自尊的,也能明辨是非,只是愿不愿意改正而已,点到为止,给学生足够的悔改的空间。

3. 表扬的方法和技巧。

表扬像温暖宜人的沐浴,使人意气风发,蓬勃向上。其与批评一张一弛,结合起来,才能真正成为魅力无穷的艺术。

第一,表扬要及时——对学生的"功"给予及时的表扬,否则会扼杀学生原有的那份积极性,久而久之,就会使他们失去竞争的信心和勇气。

第二,表扬要准确——对象要准确,程度要准确,切不要随意拔高。把芝麻说成西瓜,未必是好事。

第三,表扬要善于挖掘——世界上并不是缺少美,缺少的是发现美的眼睛。给我任何一个孩子,我一周里保证找出至少两条优点,然后借此做文章鼓励。

第四,表扬要注意场合——表扬要与现场的气氛与环境协调。比如,自己班在运动会中成绩不佳,此时班主任却说:"看,人家8班运动员多么卖力,多么团结……"老师的本意是想通过别人的成功达到激励的效果,但是此时此景,只有打击和挖苦了,何必呢?

第五,表扬要适量——"久居兰室,不闻其香"。表扬也是如此,如果学生一直生活在"表扬"中,他们就只看到自己的长处,看不到自己的短处,表扬也就失去了榜样的作用。夸聪明不如赞努力:总夸孩子聪明,他会将这种夸奖当成包袱;夸他努力而取得成功,将会是一种激励。不要低估了孩子的能力:低估了孩子能力的表扬,只能让他感到不快。

不要因为你的偏见，让表扬成为对孩子的一种变相的不屑。

博览群书，可以储备知识，可以拓宽视野，可以延伸思维，可以提升能力。读书就是学习人类智慧的结晶。读书决定一个人的修养和境界，关系到一个民族的素质和力量，影响一个国家的前途和命运。

1. 阅读的意义。

成绩好的孩子应该多读书。苏步青曾经指出缺乏阅读的坏处，"为什么有些学生在童年时期聪明伶俐、理解力强、勤奋好问，而到了少年时期，却变得智力下降，对知识态度冷淡，头脑不灵活了呢？就是因为他们不会阅读。"苏步青招收了一批数学拔尖的学生，准备作为重点对象培养。可是进校没几个月，这些同学就慢慢落后了。经过一番了解，发现这些学生爱好数学，不重视语文学习，阅读和表达能力差，他们的思维宽度和广度比起那些博览群书的是有很大缺陷的。

学习困难的孩子要多读书。这里指的是那些很艰难很缓慢地感知、理解和识记的学生。有些教师相信，要减轻这些学生的学习，只有把他们的脑力劳动的范围压缩到最低限度，这种意见是错误的。就像苏霍姆林斯基在《阅读是对"学习困难的"学生进行智育的重要手段》中所言，学生学习越感到困难，在脑力劳动中遇到的困难越多，他就越需要多阅读。正像敏感度差的照相底片需要较长时间的曝光一样，学习成绩差的学生的头脑也需要科学知识之光给以更鲜明、更长久的照耀。不要靠补课，也不要靠没完没了的"拉一把"，而要靠阅读、阅读、再阅读——正是这一点在"学习困难的"学生的脑力劳动中起着决定性的作用。

治班之道

133

2. 如何引导孩子读书。

父母应引领孩子读书。每个家庭都应该成为"书香门第"。我所接的新班，都要给家长上一节引导家长读书的阅读课。比如，刚接现在这个班时，我发现学生缺乏语文底蕴，语言修养差，因为他们不愿意读书。我选择了从家长入手，上了一节题为"大手拉小手，享受书香人生"的家长课，为家长讲授读书的好处以及家长应该如何做榜样，同时在教室里成立图书角，创建了读书日等活动。一学期下来，班里好多学生都喜欢读书了。

努力找时间读书。不愿意读书的人总说没时间。如果热爱读书，时间就像牙膏，想挤总能挤出。

读好书，读一流的书——引导孩子从高位进入，我们没有义务用宝贵而有限的生命去陪伴那些平庸、通俗的文字。

身教重于言教——教师要以身作则，养成读书的习惯。我建议老师要反复读日本作家黑柳彻子的《窗边的小豆豆》，每读一遍都会不同的收获。

让读书成为一种习惯——首先要让读书成为我们的习惯，然后成为我们学生的习惯。只要培养兴趣，长期坚持，便会终身受益。

3. 培养阅读兴趣。

好多学生不爱阅读，其实就是没有兴趣。假如能及早培养孩子对阅读的兴趣，让阅读像吃饭一样成为孩子生活中自然存在的一部分，到高中毕业读几百万字就是件非常自然的事。我爱读书，我也希望我的孩子能喜欢读书，所以从孩子三岁起我就和孩子一起读书。不识字，看图画书也可以。现在我孩子六岁，认不少字了，幼儿画报上的故事基本可以读下去了。每天都读，没有压力，她从中体会的就是吃饭或玩游戏般的简单和享受。其实，我就是一名读书爱好者。书本让我快乐和充实，让我受益和提高。细细想来，这些年以来，我的进步和成绩在很大程度上应该归功于读书。

▌积极运用心理学知识

1. 马斯洛需求理论。

这是马斯洛的一个心理学概念。它教给我们怎么培养和保护孩子的自重、自尊和自爱。这五种需要像阶梯一样从低到高，按层次逐级递升，一般来说，某一层次的需要相对满足了，就会向高一层次发展，追求更高一层次的需要就成为驱使行为的动力。五种需要分为两级，其中生理上的需要、安全上的需要和感情上的需要都属于低一级的需要，这些需要通过外部条件就可以满足；而尊重的需要和自我实现的需要是高级需要，是通过内部因素才能满足的，而且一个人对尊重和自我实现的需要是无止境的。只有在较低层次的需求得到满足之后，较高层次的需求才会有足够的活力驱动行为。对尊重和自我实现的需要被满足之后，才会达到心理的满足，对于大人孩子来说是一样的。自尊是孩子的精神脊梁，打伤或打断后，孩子就没法站直腰、挺起胸做人了。丧失了自尊的孩子是最难教育的孩子。师长跟孩子交流要设底线——勿伤孩子的自尊。没有尊重就没有沟通，没有理解就没有教育。

2. 用积极心理学来重塑孩子的健全人格。

积极心理学的基本理念："积极心理学是致力于研究人的发展潜力和美德的科学。"积极心理学要求我们不一定非得修正过失，积极挖掘闪光点和发扬天分是足以弥补缺点的。我们教给学生这种精神，他们一辈子都会有阳光的心态，他们会因此而感激我们,我们也会因为被感激而收获到快乐。

最想感谢的人永远都是我的学生们。他们的善良,热情,包容和智慧,成就了我的快乐!

最后有几句话与大家共勉:感激斥责你的人,因为他助长了你的智慧;感激绊倒你的人,因为他强化了你的能力;感激遗弃你的人,因为他教导了你应该自立;感激欺骗你的人,因为他增进了你的见识;感激伤害你的人,因为他磨炼了你的心志。

给年轻新班主任的
几点建议

青岛市崂山区育才学校　考宁宁

我的17年的工作感悟,简单地概括一下:前三年是用一腔激情来工作,不知疲倦。当天晚自习两个班120多份英语测试卷,能当晚批阅完成。这是因为工作之初的新鲜感、年轻有活力。为人母后则"幼吾幼以及人之幼"的心态占比更大,自己能沉下心来,更多地考虑孩子们的需求,对学生多了一份宽容与期待,即自己的责任意识更强烈,是带着一份职责来工作。

作为教师,如果说本学科的教学工作能彰显自己的成就,那么班主任工作则是给自己最充分的幸福感的工作。而且这是一份久远的、醇厚的幸福。多年以后,你的学生的一个电话、一声问候、一次探望会让你觉得,当年的辛苦没有白费,甚至根本想不起当年的辛苦,只有兴奋与幸福。

在此祝贺各位能有这个机会,也请各位珍惜自己的机遇,用自己的热情和责任、满腔的爱来珍惜这份工作。

下面我就自己10年的班主任工作经验给大家一点启示,与大家共勉。

一、有新意,有梦想,有希望

对于初一新生来说,他们开启了人生的新阶段,所以不论是家长、老师,还是孩子自身,在开学之初都是满怀希望和信心而来,尽管表现不一样,但他们的期待都是一致的。所以给学生树立目标,坚定信念非常重要。老师可以通过初中三年变化的事例,让学生确立"努力创造奇迹"的信念和信心,指导学生正确看待小学成绩和分班考试的成绩。让他们明白,这些成绩仅是参考。初中最重要的是要有认真的学习态度、良好的学习习惯,只要坚持,随着学习的不断深入,自己不断地总结经验、寻求好方法,学习成绩会步步高升的。

二、关于班干部的选拔和培养

初步委任临时班委并确定试用期。班集体建立初期班主任先通过各种渠道了解学生的能力心态,甚至经验,比如让学生进行自我介绍、让学生自荐和推荐、结合分班考试和军训表现初步确定临时班委。班主任要保留学生的书面材料并经常看看,以便详细了解学生。但一定要明确试用期一个月或者其他期限,这既是给临时班委们一定的压力,又给其他同学表现的机会。在此期间,既要指导学生干部的工作,还要渗透为同学和班级服务的意识等,让学生积极参与班级管理。一个月后才用竞选、投票等方式确定本学期的固定班委,一旦有失误,确定了同学、老师都不太满意的班委,千万不急于撤换,而是帮他找原因,协调关系,指导工作,在合适的机会比如新学期开始时,进行新一轮的班委竞选。在这一方面班主任一定不要一劳永逸,让学生一干就是三年,要本着给更多学生锻炼机会的原则,把自己的班级打造成"人人有机会、人人有能力"的班集体。承担过某一任务的同学,他会感受到工作的不易,因此能更好地配合班干部的工作,助力班级凝聚力的形成。班主任要善于观察学生的言行,班长一定要敢说敢做,有责任心,能担当,还能服众,敢于管事,有正义感,能从同学、班级的立场出发,敢于批评。

三、关于座位

建班之初座位也可以只根据成绩和性别来确定。最好是以四人小组编排。根据成绩确定 1、2、3、4 号。班级前 10 为 1 号,班级 11 到 20 为 2 号,21 到 30 为 3 号,31 到 40 为 4 号。班主任在开学第一周先观察和了解同学,有的同学因性格问题不能在一组则同时多调整几个同学,不要让学生觉得就因为某个同学的问题才调座位,以免对这一同学造成比较大的思想压力,不利于他的发展,也不利于班级的融合。小组排座位的最大的好处是,即使在最后面的 4 号小组也没有被抛弃的感觉。小组之间是平等的,小组成员之间是互相帮助、共存共荣的平等关系。

之后要考虑学生的成绩、性别、性格、同学关系等因素,一定要经常性地换座位,比如期中期末或者某次月考之后,这既可以保持一种新鲜感,又可以促进同学之间的了解,增强同学之间的情感,形成良好的关系,更重要的是预防小团体的形成。在每次换座位的过程中总会有一两个同学以视力为由对目前的座位不满意,此时老师也不要烦恼,可以让学生自己协调同号的同学,自主调换一下。班主任觉得小组成员搭配合适也可同意。这样也给学生自主解决问题的机会和权利,也不失民主。

四、开好两会：班会和家长会

作为班主任一定要开好班会和家长会。班会内容可结合本班的具体问题和学校的任务相结合，也可结合一些时政新闻、名人故事甚至美文赏析、学习方法交流等。班会的形式既可以是班主任主持也可以安排学生主持。班会以解决班级、学生问题为主，旨在培养学生正确的人生态度、学习方法、价值取向，促进学生身心发展，促进班集体的快速形成和发展。家长会的一个重要原则是给家长希望，让家长成为自己最大的支持者。家长会往往是在考试之后进行，家长最关注的事，莫过于孩子的成绩。对于成绩，无论对学生还是对家长要大力表扬进步者，可以从多角度、多方面表扬，如"单科状元""单科进步者""学习标兵"（总成绩班级前十或学校前五十）"总成绩飞跃者""进步小组"等。切记绝不批评下降者。不批评，不代表不关注，而是更关注，除了帮他们分析弱科还要给他们希望，告诉他们哪些学科有多少上升空间。一定提醒家长和学生不要小看自认为"粗心"出现的错误，这是最不应该原谅自己的错误，让学生养成细致认真的习惯。家长会不是告状会，而是客观公正的分析会，也是教育方式方法理念的渗透会、指导会。

五、注重班级文化建设，发扬文化激励作用

除了传统墙报、黑板报用于展示学生的奋斗目标、才艺，父母的期待，老师的希望与祝福外，还要充分利用好日记，各种总结反思、感悟等了解学生与家长的日常生活与习惯，思维方式及思想动态。日记一周两篇，其中一篇可以是班主任就班级某一个问题拟定的题目，另一篇是学生与家长自拟的题目，让文化渗透在每一个角落。文化建设初期最好是班主任和同学一起商讨，班主任要有自己的想法，要做一定的引领,同时要善于发现学生的特长,具体任务让他们动手实施。有特长的班主任,不妨展示一二,以增强学生的佩服之情,增强自己的吸引力和学生的向师性。和同学一起根据班级特点和规划制定班级公约或班级制度,用制度来管理学生,同时培养学生的规则意识和自觉性。

六、培养学生的自我规划、自我教育、自主学习的能力

开学之初,请学生写一些自己的短期目标和长期目标,然后让学生自主安排或者指导学生科学合理地安排自己的课余时间。老师一定要了解每个学生的规划,这样对于今后学生的所有的思想和行为就都有了激励和指导的方向。一切从"他"的角度出发,把老师自己的期待变成"他"自己的要求,一切工作就好做了。当然作为班主任要适当拔高一下孩子们的目标,他们在"皮革马利翁效应"影响下会超常发挥自己的能力的。

七、几项具体工作的落实

1. 关于值日。

每天的值日生分工一定明确,班主任提醒卫生委员提前检查,及时整改。

2. 交作业。

提前将作业袋装且排序,到教室前就拿出来按学科顺序一一摆放好,然后将书包里的其他书籍(经常用到的)放到桌洞,便于拿取,然后把空书包放到自己的柜子里,回到座位上第一时间进入自习状态。七点,同学们基本到齐,最后一排的同学,每人一个学科将作业送到办公室,下早读后,各科代表到办公室查作业,统计上交情况,一式两份,任课教师一份,班主任一份。这种类似于程序化的做法,确实能提高效率。

3. 一日表现反馈——"值日班长制度"。

值日班长的记录要翔实、客观公正,每天将情况发在家长群中,让家长们了解孩子在校的表现。

4. 考试反馈。

每次考试后,第一时间给家长们反馈孩子们的成绩,当然,成绩好坏的原因要分析,鼓励性的语言更必不可少。给家长希望,给孩子希望,是激发动力的情感力量!

八、其他工作

学生的日常活动及时做好影像记录,及时保存、与家长共享;对于家长参与的活动及时记录并公布,以提高家长的积极性和主动性,同时给期末评选优秀家长提供依据。

班主任工作细碎但不失整体规划,需要用心去做每一件事。教育无小事,事事是教育。作为班主任要生活在学生当中,善于观察,勤于思考,勤于教育,及时跟家长交流反馈,给学生最好的指导,让家长放心,相信每一位老师的真心付出都会有所收获,每一位班主任的汗水都会滋润、浇灌出属于自己的绚丽的幸福之花。

各位年轻的班主任,请满怀信心地向着自己的幸福出发吧。

如何带出一个良好的班集体

青岛市崂山区育才学校 考宁宁

我和4班的孩子们共同度过了近3年的时光,见证着这个班集体的发展,不论从学习上,还是自我管理、集体意识和凝聚力上,全体学生都有了明显的进步与发展。近段时间我一直反思：作为班主任，如何才能带出一个优秀的班集体？结合这个班级的发展，我粗浅地做一下总结，以指导自己今后的工作，积累班级管理的经验。

首先，得有好身体。每天坚持和孩子们一起跑步，而且是在最外圈，以近中年的年龄做到这一点，哪个孩子不佩服，不努力跟上？不仅自己身体好，精力充沛，孩子们何尝不是这样？有好的身体，学习也就有了最基本的保障，再做好学习习惯的养成、学习方法的指导、心理上的疏导、精神上的鼓励、品德上的教导，一个良好的班集体用两年半的时间就可建成。

哪些学习习惯应该养成呢？除了上课认真听讲、课后认真完成作业等传统的习惯外，不能忽视一些细节习惯，比如说每天高效地上交作业的习惯、课前问候的习惯。我们自建班以来，课前除了向老师问候，还要大声喊出"我们会好好学习的"这句口号。看似一句口号，没什么实际意义，其实在潜移默化中影响着孩子们，改变着孩子们。它相当于一句誓言，对于自己的誓言，绝大多数孩子非常重视，也会用实际行动证明。做眼操的习惯、午休的习惯等生活习惯也必须关注并培养，为学生的一生奠基。

关于学习方法，适合的才是最好的，需要老师随时向学生介绍并想方设法地让学生体验，以便让学生选择。如文科的朗诵、背诵技巧，大声朗诵，调动各种感官参与，分析层次、句式，归纳大意或记住一个关键字，根据大意或关键字复述，很快便能背过一大段内容。利用艾宾浩斯遗忘规律，先快后慢的特点，两天之内、一个周之内、一个月之内分别复习一遍，便会牢固记忆。对于理科，思维模式非常重要，各科还是有些区别的，让孩子们辨析出并加强训练，很有必要。比如同样是路程、速度和时间问题,数学的思维方式和物理的思维和表达方式是不同的,所以让学生理解并熟记记理科中不多的但是很重要的定理和公式,多做练习以巩固之,就会有不错的成绩,这些虽说各科老师会各自强调,但是作为班主任能从整体上做一下比较,给学生的感受是不一样的。做作业也有技巧和方法。先复习再做作业固然快,但是学生想要早完成任务,往往会舍掉这看似不重要的一步,那么,可以简化,速翻一遍即可。另外,写字的速度要快,当然,要做到这些,必须注意力集中,大脑高速运转。做作业在科目的先后顺序上也要合理安排,先写少的,先写自己觉得不太擅长的,最后写自己最感兴趣的、擅长的,这样可以在自己精力不济的情况下保证质量。

班主任管理经验

青岛市崂山区第六中学　刘国栋

班级是教师和学生开展活动的基本组织形式,班主任是一个班集体的组织者、领导者和教育者。记得一位优秀班主任说:"班主任在,学生能做好,是一个基本合格的班主任;班主任不在,学生能做好,是一个优秀的班主任;班主任在,学生仍不能做好,则是一个失败的班主任。"多年以来我一直积极思考如何做好班主任工作,希望自己成为一名智慧爱心型的优秀班主任。

著名教育家苏霍姆林斯基说过,"对待学生的心要像对待一朵花"。那么作为教育工作者,就应认真倾听每一朵花开的声音,关注每一个心灵绽放的笑容。初中班主任更是一个复合型角色,当孩子们需要关心爱护时,班主任应该是一位慈母,给予他们细心的体贴和温暖;当孩子们有了缺点,班主任又该是一位严师,严肃地指出他的不足,并帮助他意识到问题并改正。我认为班主任工作是一项既艰巨而又辛苦的工作,为打造一个积极向上的集体,让学生成为全面发展的一代新人,在班主任的工作中,我十分注重以下几方面的工作。

一、全员参与——责任激励

创设有利于自主管理的氛围,培养学生自己管理自己的能力,使学校的规章制度转化为学生的自觉行动,形成良好的班风。及时教育和培养有责任心、能力强、可以信任的并且有一定组织能力和管理能力的班干部,对他们进行不同的分工和培养,树立他们的自信,培养他们在同学中的威信。

二、培养"特殊生"的自尊心和自信心

苏霍姆林斯基曾经说过,"让每个学生都抬起头来走路"。这就是要使每个人都看到自身的力量、价值,对未来都有希望,充满信心。自尊心和自信心是学生进步的动力,特殊生往往缺乏这种心理。如犯过错误或经常受到批评的学生都有一种心理,认为别人瞧不起自己,即使自己尽力做了好事,别人也不会说自己好,因而存在"自暴自弃"的自卑心理。像这种学生我班上就有好几个,那么,作为班主任老师,在学习方面对他们放低要求,只要他能尽力去完成就行了;对其行为方面就要认真观察,善于发现他们身上的"闪光点"。哪怕是一点苗头,就给予表扬,倍加爱抚和扶植。他们得到了老师的尊重、信任和支持,就会迸发出奋发向上的决心和力量。

发动学生,统一教育思想。各方面教育影响要协调一致,并连续持久地坚持,这是构建教育特殊生的良好环境、促进他们转化的重要条件。具体方法:① 教育全体同学关心帮助他们;② 班主任经常与科任老师联系,交换意见;共同商量对策和方法;③ 与家庭、校外社会团体取得联系,互相配合,让他们处处有人管教,关心和帮助。这样充分发动一切可发动的因素,就会取得良好的教育效果。

三、换一种角度看孩子

我们了解与我们朝夕相处的学生吗?他们最感兴趣的事情又是什么呢?他们的微笑真是一种认同吗?他们今天做什么事最开心?如果我们对孩子不了解,回答这些问题是困难的。作为教师的我们,只要换一种角度看孩子,就会有不同的发现。保持一颗平常心。有人这样说:"没有不可相信的人,没有不可原谅的人,没有不可爱的人。"确实是这样的,学生成长过程中常常会犯一些错误,有些错误只是阶段性的。对待学生的错误,教师如果过分追究,反而会起到强化的反作用。反之,适当地容忍和忽视会给学生营造一个宽松的环境,学生会在错误中成长。当孩子犯错时,我们首先应该学会倾听孩子的话。因为孩子每一个不正常的表现后面都会有一个"正当的理由",我们要从孩子的视角对待这一问题。孩子犯了错误,是"无理取闹"吗?是"无心之过"吗?我们首先要冷静下来,倾听一下孩子的想法,教给他正确的做法。孩子迟到了,教师可以让他为班级做一件事,补偿因迟到给班级带来的荣誉损失,这样就会使孩子觉得迟到这件看起来似乎很小的事也会给他人带来不便。孩子做作业拖拉,没有完成,教师可以让他留下来补做,使他懂得"今日事今日毕"的道理。德育不是"认错教育"。学生犯了错,如果你不加管教,就难以让他从错误中吸取教训。于是,我们经常会做的一件事就是让孩子写"检查",写"保证"。我以前也用过这"招"。但很快发现,孩子这次写了"我保证下次……",要不了多久,就可能再犯同样的错误。让学生写"检查",往往不过是教师自己的心理需要而已。写"检查"其实是把教育简单化了,公式化了,庸俗化了。

四、尊重后进生,注重其行为转化工作

后进生往往上课不专心,不遵守纪律和小学生规则,与同学不合作,不听老师父母的话,这些学生最难教育,最容易引起学校、家长的关注。但是,后进生也是可以进步的,只不过比其他学生进步慢一些罢了,他们的行为需要长期教育才能矫正。

信心是成功之父。无数次的失败,如果没有来自内心的那份坚持,没有自信,如何能获得成功呢?就如同爱迪生进行他的伟大发明,没有来自心底的无数次的坚持,就不会有那上千次的试验。这份坚持,除了自信还能是什么呢?对于学生,无论学习的进步还是性格成长,自信都是最重要的。作为班主任,首先要做的事是培养孩子的自信心,这对学生起着举足轻重的作用。

作为一位班主任,我们要足够尊重每一位学生,对他们既要严格要求,又要以慈母般的爱去关心他们,爱护他们,正确对待他们的错误,切忌冷淡、厌恶和嘲笑,要对问题行为的性质和程度仔细分析,然后采用相应的方法进行教育。除此之外,我们还要和班干部一起开展"手拉手"帮助教育,力求发现后进生的闪光点报告老师,表扬和鼓励他们。

作为一位班主任,平时更要贴近这些学生。我经常利用课余时间找他们谈心,努力了解每个后进生的内心世界,用爱的情感去感化滋润学生的心田,逐渐消除他们不良的心理状况，让他们产生改正错误的动力，增强他们的自信心。"尺有所短，寸有所长"，班主任要注意观察、了解，及时地捕捉他们的闪光点，进行鼓励、表扬，让他们意识到自己的价值，抹掉心中自卑的阴影。并且，在各种集体活动中要让他们利用自己的长处为班集体做贡献，从而使他们不断地获得成就感，增强集体意识和团队精神。及时与家长沟通，了解学生在家中的表现、结交朋友的情况等，对于班级管理来说是非常重要的。许多学生在学校里，迫于各种规章制度的约束，很少暴露自己的缺点，但是在家里毫不掩饰。

　　班主任如果能够掌握学生的这些情况，工作中对症下药，效果是非常好的。首先，要让家长走出思想误区，认为老师找家长就是想"治"学生，要使他们明白，老师的出发点和家长是相同的，都是希望学生克服缺点、健康成长，这样，家长才能与班主任达成共识、形成合力。其次，对任何家长都不能有偏见。学生有先进与后进之分，有的班主任因此会对家长产生偏见，这是很不对的。学生错，并不意味着家长错；学生落后，并不说明家长落后，因此班主任见到这些家长时一定要态度端正，心平气和，让家长理解老师的苦衷，积极配合老师的工作。再次，在与家长的交往中，要避免沾染当今社会上的不良习气而影响班级管理中的公正、公平和公开原则，否则，会使家长这个班级工作的"助推器"变成"绊脚石"。对那些特殊生我经常进行家访，及时与家长联系，指点家长教育孩子的方法与途径。经过几年的感化教育，后进生在各方面都有很大的转变，他们心里基本形成了集体荣誉感。

　　五、教师努力做到言行一致，成为每一位学生的表率

　　"每一个梦想都值得期待，每一个孩子都应该去爱，这就

是最好的未来！"教师的言行对学生良好品质的形成至关重要，它起着潜移默化的作用。要求学生做到的，首先老师自己必须先做到。班主任工作是塑造学生灵魂的工作，班主任对创设良好的班集体，全面提高学生素质，陶冶学生情操，培养全面发展的人才，具有举足轻重的地位和作用。在学校里，班主任接触学生的时间最长，开展的教育活动最多，对学生的影响最大，在学生面前班主任就是一面镜子、一本书。因此，规范学生的行为，首先要规范自己的行为；提高学生的素质，首先要提高自身的素质。在教育工作中，真正做到为人师表，率先垂范。我作为一名班主任，在工作实践中，要求学生做到的，我首先带头做到；要求学生讲文明礼貌，我首先做到尊重每一位学生，从不挖苦讽刺他们；教育他们热爱劳动，我每天早上和学生一起打扫环境卫生和教室清洁卫生；教育学生团结友爱，我首先处理好与各位教师的关系，和学生交知心朋友；要求学生书写认真工整，我在板书时首先做到书写规范认真。这样自己的一言一行已经成了一种无声的教育。一分耕耘，一分收获，经过半年多的努力，本班学生的精神面貌焕然一新。良好的班风和学习风气逐步养成，他们都能自觉遵守学校的规章制度，凝聚着一股积极向上的力量，整体素质也在不断提高。

总之，班级的管理是一件既辛苦又充满乐趣的工作。工作方法有成千上万，没有一个固定的模式，但只要我们班主任讲究方法，从爱护他们的角度出发，采取学生乐于接受的教育方式，晓之以理，动之以情，循循善诱，勤于管理，善于总结自己的经验，并形成自己的特色，定能水到渠成，让班级集体在推进素质教育的进程中发挥越来越大的作用。

班主任应"三心二意"

青岛市崂山区第六中学　刘国栋

班级管理是门艺术，又是门科学。如果说班集体是"魂"，每个学生就是"灯"，那么"魂"的思维启发和"灯"的功能发挥，则必须通过责任感来达到最大限度地体现，从而使每一位学生在班内都能拥有施展各自才能的机会。

多样性、复杂性、差异性、多变性是现代学校各班级学生的主要特点，这就要求班主任在管理方法和管理思路上有一个清晰合理的规划和举措，结合多年的班主任工作我觉得必须有"三心"，还有"二意"。

一、修身养性，做一位有心的班主任

第一，班主任不一定是个"老好人"。但一定是一位有心的管理者。用心帮助一些学生改掉不好行为，为班级创造一个好的班风、学风才是我们的工作。

第二，班主任要有一定的信心。没人会喜欢一个没有信心的人。班主任可以是一个好人，在课下、校外可以和学生打成一片，但是在一定的事情上、一定的时间、一定的场合我们一定要有一个原则。也就要求我们要信心百倍。

第三，班主任要讲诚信，有颗恒心，要勇于承担责任。说话要知无不言，言无不尽，要真诚。对于做出的承诺一定要履行，对于自己所管理的人的过错自己要承担责任，对班级的管理要有颗恒心。

二、班级管理，要有"二意"

1. 做一位有诗情画意的班主任

班主任的威信本身就是一种班级凝聚力，如果班主任威信树立得较好,对班级工作的开展大有好处。如何树立班主任威信? 班主任要做一位有诗情画意的科任教师。应注意在教学工作中,发挥自己的优势,力争课讲得精彩,以学科成绩说服人,这样可以让学生感觉到成就感,让学生发自内心地信服你,这样的班主任才容易树立威信。

2. 真心真意打造一支强悍的班级管理队伍

一个团队只有形成由骨干分子组成的管理核心才能称之为集体,塑造一个良好的班集体的先决条件是选配好一个素质过硬、极富责任心的班级干部队伍。一个班级的班干部队伍建设的好坏,直接影响该班级的班风、学风优劣。选拔班级干部要遵循"公正公平""德才兼备""用其所长"的三大原则进行,要将那些乐于奉献、严于律己、勤奋好学的优秀学生吸收到班级干部队伍中来,工作中做到分工明确,相互配合,各司其职,防止工作中扯皮、推诿现象的发生。

三、善于处理好关系,注重细节

1. 处理好与任课老师的关系。

任课老师作用也是无人替代的。他们对教学秩序的稳定、班级管理的井然有序起到重要的作用。平时我十分注重与任课老师的沟通与交流,一有空闲时间我们就在一起探讨学生问题。把老师、同事当作自己的朋友、合作伙伴,就不会出现矛盾了。

2. 处理好与家长的关系。

班级管理工作千头万绪,如果我们能很好地利用家长的作用,协调好与家长的关系,借助家长的力量来管理班级也是一个十分有效的方法。分层召开家长会,让家长有足够的时间互相交流,对于家长提出的问题,就提交给家长讨论,让他们共同寻找解决问题的办法。解决问题的思路被打开了,问题也就迎刃而解了。

3. 注重班级文化建设。

班级文化是指班级在学习、工作、生活中所形成的具有一定思想内涵和文化特征的班级形象和思想行为方式。班级文化是班级的一种风尚、一种文化传统，一种行为方式，它自觉或不自觉地通过一定的形式融会到班级同学的学习、工作、生活等各个方面，形成一种良好的自觉的行为习惯，潜移默化地影响着人们的行为。

班主任的工作是苦的、累的，但是只要我们能"三心"，外加"二意"，调适好我们的心理状态，就能促进班级和谐发展，促进学生的健康成长。我相信，只要心中布满明媚的春光，外界的天寒地冻也会退避三舍，再难攀登的山峰都可以登上山顶，再长的道路都可以一路欢歌。拥有一种愉悦的心境，漫长的路上也会有一道道灿烂的风景！

"大观园"中的班主任

青岛市崂山区育才学校　牟晓敏

做班主任时间渐长，阅历渐增，我渐渐有了自己的所悟：第一流的班主任未必要有第一流的智慧，但一定要有第一流的气质和素养。如果班主任的气质像孔子，自然会有颜回、子路、子贡这样气质不凡的学生。如果班主任的气质像亚里士多德，紧紧跟随的肯定是亚历山大大帝。我自己是什么样子呢？每次遇见不同的学生，就反映出不同的样子，好迷茫啊。

近一年，为培养气质，我把自己完全浸润在《红楼梦》

中,一遍两遍三遍地读,便不由自主地把自己读书的体验和情感带入了日常的班级活动中。每每遇到问题,黛玉、宝钗、贾母、凤姐,总是像抢镜头一样在我眼前涌现,一起向我诉说,诉说时又是那么争争吵吵,好不热闹。索性,顺势借《红楼梦》里的几个人物,推演一下班主任工作,也是乐事一件。想象一下,如果她们做班主任,将会如何行事,如何管理。

现在,我把自己的班主任工作经历比照红楼梦,把不同时期贴上一个人物标签,简单地进行"脸谱化"归类,也是一件很有意思的事。

▌曾经:黛玉型

初做班主任时,感觉自己像林黛玉,情大于一切。用情太专注的人对别人的要求会特别高,至少要求别人也专一投入。因此,面对现实,表现出不适应、不如意、不自信、多虑多疑;心眼小,心胸窄,心气高;对学生、对家长、对同事,察言观色,猜谜斗智。情景经常是这样:看似春光明媚的一天,忽然就有学生"找事",引来领导不满、同事告诫、家长围攻、学生起哄;看似平静、平常的班级听课,不久就招来同事"被监督"的抱怨和不尊重他人教学的指责。此时,不理解、自怨自怜的情绪常萦心头,生怕自己和学生谈话、向同事道歉的口气里,一个停顿、一点涩滞、一丝拿捏不稳的颤抖,会暴露内心的秘密——殚精竭虑的焦虑、如履薄冰的恐惧。所以,对那些如今看来其实平淡无奇,当时却惊心动魄的事件,只有默默承受,暗暗琢磨,守口如瓶。习惯了自己消化情绪,默默泪流到天亮,习惯了内心一半海水、一半火焰的翻腾。终于明白锦衣玉食、有宝玉爱、有贾母疼的黛玉为什么会发出"一年三百六十日,风霜刀剑严相逼"的悲叹。

此时的我,把周围人都当作宝玉,有点小事总爱怄气,总爱猜疑,总爱计较,不自信。怨学生不懂事,怪同事不理解,悲自己时运多舛。同时,以为自己的灵魂别有洞天,心高气傲。每日眉宇间写着一个自恋的"幽怨"。我当时做班主任的样子,活脱脱一个林黛玉。

▌走过:宝钗型

做了两轮班主任后,经验、时间和粗粝的生活磨砺了我,我也渐渐把自己从自怨自怜的黛玉式班主任模式中拔了出来,进入了宝钗式班主任模式。

宝钗式的班主任是功利的、世俗的、现实的。我的班级管理标准是"以成功为纲"。模式化管理,任务清单式教学。再遇"找事",我已有一套处理方式,比如请家长、求助级部领导、订立君子协议、交给学生发展中心处理等。我不会动真怒、动真气,当然也不会动真情。我也不用再去班级后面监听学生,因为自己已经培养了"袭人"式的团支书,"平儿"式的班长,自制、自治能力超强。"评优""评先"年年有我,但总觉得,少点什么。也许,相形之下,宝钗太冷静,太现实,无渴望,无缺失。她是良师,是人生指南,帮你顿悟,却不是能让你魂牵梦萦的爱人,谁会爱上一本哲学书或是人生指南呢?

此时的我,形象散淡,对学生不远不近,遇事显得从容自若、不卑不亢。但是,这种假扮袖手冷眼的形象,在学生面前,总有点不彻底,经常露馅。比如,我会因为班级"某同学离家出走"而动真气,河东狮吼;会为学生"离别践行"而动真情落泪;会因为学生"榜上有名"而不顾场合,激动雀跃。

▌向往：贾母型

《红楼梦》里的贾母，为人细腻，非常懂得如何平衡局面。她有一种不显山露水的睿智，既能慈祥又能犀利，既能见泰山又能见毫厘，贾府里各色人等花样百出，她总能将局面稳稳地控制在自己手中。

虽然贾母很少直接参与任何"大政方针"，但每件事的来龙去脉、每个人诉求的缘由她都心知肚明。比如对待凤姐的灰色收入问题，她借"莲叶羹"敲打恫吓，同时安之若素地在玩笑中接受凤姐的小贿赂。这说明，贾母既知道凤姐有灰色收入，玩笑背后有着无须言说的共识和贴心。她深知，管理一个大家族不能只有辛苦没有甜头。

贾母用个人声威代替制度，把管理模糊化、人情化，把生活艺术化了。就像贾母的各种吃法、玩法，就总给人一种生活的富足感和可触可摸的生命质感。

班主任工作需要灵性，需要激情，需要敏感的捕捉，需要与现实保持一定距离的审视。而贾母式的班主任，身上去掉了林黛玉的文艺腔、薛宝钗的富贵眼，站稳了精神领袖的地位。她以慈祥、满足、波澜不惊的样子活着：不纠结于具体琐事，不畏惧大风大浪，只看着孩子们好好地玩耍、成长，有一种如沐春风的大自由、大自在，是精神领袖式的班主任。

宝钗属于生活，黛玉属于艺术，贾母属于艺术生活。艺术让人迷恋，生活让人踏实，艺术生活最让人向往。谈恋爱黛玉合适，过日子宝钗更踏实，让日子有滋有味贾母在行。从这个角度来看，学生遇上贾母式的班主任是一种福气。

我的理想是达到慈爱友善的"教母"状态。我不怕学生们惹祸闹事，不怕学生们成绩上下摇摆。学生们也不用看我的脸色,猜我的心思。学生们不再只会报仇雪恨地"苦学",更能认真揣摩智慧的趣、品味生活的乐。我们彼此鲜活、丰富了彼此的生命。这还不够吗？ 12 年教学生涯后,我,已经完全可以自己决定自己的状态,无论是生活状态,还是工作状态。走过了用心过激的年轻期、追名逐利的繁华期,自然而然地,进入了自我的沉淀期。我现在不是"教"学生应该怎么活,而是"活"给学生看。因为他们是真实存在、有血有肉的"人"。

如今想来,年轻时的荒唐事谁都做过一箩筐,大概只有这荒唐过的"曾经",才支撑起了那些不荒唐的"后来"。说起来,羞红了脸的故事谁没做过。如今,还记得多少？阖上厚厚的书本,今人往事,其意自现。

做有型的班主任

青岛市崂山区育才学校　牟晓敏

身上的衣服穿皱了,要用熨斗烫一烫——有型;脸上的妆花了,要在镜子前补补妆——有型;身材发福了,要适当减减肥——有型！做班主任的日子久了,要静下心来想一想——我是什么样的型？我的型在哪里？是的,做班主任也要对自己精雕细琢,给自己塑塑型！

一、灭绝师太 ＋"粉儿"＋常微笑

"大家赶快坐好,别说话,别乱动,灭绝师太又来了！"听见没？学生管你叫"灭绝师太"呢！你严肃,眼里揉不得沙子,工作一丝不苟,管理班级、照顾学生尽职尽责,这一切是那么令人敬佩。可是,学生在心理上却总和你保持着天河

155

一般的距离,你跨不过去,他们也跨不过来。

先别慌,你的型已经有了——武林盟主,只是线条太过刻板僵硬,还需要雕琢雕琢,让自己变得圆润一些。

首先,尝试着抹些"粉儿"吧。批评学生的时候,先给他一个解释的机会,哪怕他撒了谎,也给他一个台阶,别让他总是站在尴尬的台面上,他会迈不开步。别再说"你怎么又迟到了?"试着换成"发生什么事了,怎么不小心迟到了?"当然,迟到了也不能姑息,还得按班规来,只是学生在遵守班规的时候,多了一份对你的感激、亲切和尊重。除此之外,生活中的大事小事,多听听他们的意见和心声。学生合理的要求要采纳。还有,机会合适,你也可以尝试着用书面形式让学生给你提提意见,有则改之,无则加勉。

其次,别忘了涂些"微笑"。你是武林盟主,你有空前绝后的号召力,你的"必杀技"是"说一不二",但绝不是学生所理解的"斩尽杀绝"!这其中的差别就在于,没什么事情发生的时候,你的脸上有没有笑容。不用担心你的笑容会被学生看成你的软弱,笑容是亲切的润滑剂,也是你久违的亲和力。别总板着冰冷的面孔,要知道,你此时此刻的笑容,是他们心头彼时彼刻晴朗的天空。不过,要想脸上有笑容,必先心头有净土。打扫打扫自己心头的尘埃吧!心里净了,眼里就美了,面上也就笑了。

是的,赶快塑塑型吧!涂上"粉儿"和"微笑",你就不再是学生眼中的"灭绝师太",而是真正有权威的"武林盟主"。

二、"爱心妈妈"＋冷静＋"硬耳根"

"她哪都好,就是护犊子,护来护去,学生却不领情、蹬鼻子上脸了!"

这样的班主任也不在少数，他们的爱心绝对让人钦佩，但管理上又问题多多，我们姑且称之为"爱心妈妈"吧。

如果碰巧你也是个"爱心妈妈"，那么我建议你冷静冷静，培养一副"硬耳根"。

虽然你并不常上火，但我们还是建议你先降降温，清清热。生活中的你，一定是一个热心肠。工作中的你，博爱、宽容、大度。你热衷于和学生打成一片，倾向于成为他们的知心姐姐。但是对不起，如果那个度没有把握好的话，你可能过早地就上升到姥姥辈了。我们见识过这样的班主任，食堂吃饭时，因为担心学生吃不饱，会亲自再为学生打一份饭菜。可就是这样的"老班"，却常常被学生气得哭鼻子。别一味地把所有的热情都投注在学生身上，比起热情来，你更需要的是"冷静"。

接下来，就准备好"硬耳根"吧。对待学生，你不但心肠软，耳根也软。要知道，心肠可以软，但耳根决不能软。学生犯了错误了，嘟着小嘴求求情，你就一笑了之；你下定决心要让他承担一些责任，可他抹抹眼泪，你就不了了之；你定好了一个重要的措施，学生巧妙地讲讲反对意见，你就置之不提了……长此以往，你拿他们越来越没办法，相反，他们却拿你越来越有办法。终于有一天，他们真的蹬鼻子上脸了，你惊觉之中，一切都恍然如梦。所有这一切，都只因为你耳根太软。这样的你需要练就一副硬耳根。要学会向学生说不！学生的心情可以理解，但班规不能荒废，原则不能丢弃。只有这样，你才能改变你"爱心妈妈"的现状，逐渐成长为一个"温柔CEO"。

三、碎碎念＋欣赏＋利索

"你说咱们又不是去西天取经的，为什么咱们的'老班'

就是个唐僧呢？"看过《大话西游》的人都知道，"唐僧"的代名词就是"碎碎念"！我相信，你非常敬业，甚至有些勤勉过头了，你太爱操心，又喜欢看什么都不顺眼，于是你就成了学生眼中的"唐僧"。快点给自己塑塑型吧！

首先，你需要让自己学会欣赏别人。生源不如意？孩子太调皮？他们干什么都不完美？你是尽职尽责的，可你似乎太悲观，看什么都不顺眼，于是成天"唠唠叨叨"。学会用欣赏的眼光去看待他人，你在处理问题的时候，心态就会好，遇事会往好处想。哪怕是学生黑板没擦干净，你要他重擦，要全班同学都知道黑板擦什么程度才叫擦干净了，你心理上也要这么想："啊哈，这黑板上有只大花猫呀！"所以喽，干工作固然要踏踏实实，但好心态是第一位的！只有有了好心态，你才不会那么悲观，才不至于看什么都不顺眼。

其次，你还需要学会"说一不二"。在处理各种问题的时候，利索地说一不二，会给你解决很多不必要的麻烦。因为大多的时候，不是你不会处理问题，而是你问题没有处理彻底，或者总有一些外在因素干扰了你最初的意图。就比如你班里的孩子没有擦干净黑板，你批评了他一通，可是下一次，又有一个孩子没擦干净黑板，下一次又有……同样的事情反复发生，你不唠叨都不行了。与其这样，你不妨在第一次出现这个问题的时候，心平气和地告诉学生黑板要擦到什么程度才算是擦干净了。必要时，亲手示范一下。然后要所有孩子都知道一旦黑板没擦干净，他应该承担什么责任。不用问，过几天还会有孩子黑板擦不干净，那么机会就来了。你仍然是心平气和的，但孩子的责任他必须承担。而且这个责任不是随机的，必须和你前次规定的如出一辙。这个时候，你是说一不二的。这样处理后，相信你以后再不会碰到类似的事情,那么,你也不用为相同的问题而唠唠叨叨了。

怎么样?这样塑型以后,你的形象是不是大为改观了?原先你是那个悲观烦躁的"碎碎念念",现在你可是技高一筹的"绅士教母"啦!

亲爱的"老班"们,想好了要给自己塑型了吗?先想好自己属于什么型,然后再对自己精雕细琢一番,你就会变得越来越有型!

一起写日志的日子

青岛市崂山区第五中学　曲　霞

又端坐于办公桌前,捧着这本心爱的《班级日志》。淡淡的文字,淡淡的心情,轻轻诉说着我们一起走过的日子……静静地读着,静静地品着,感觉,只有这个时候,自己才是最安然的,最幸福的。孩子们,在新的学府,继续加油吧!"老班"永远是你们坚强的后盾!

——摘自个人博客

请允许我用这样的方式来介绍我的治班之道,其实我今天故事的主角就是这本《班级日志》,这本由全班36位学生和老师共同记载的《班级日志》。2012年2月9日,从那时起,妙笔横生的"三八节趣事"、早早夭折的"校园运动会"、难舍难分的"合班风波"、无休无止的练兵考试……或记录琐事、或调侃老师、或牢骚满腹、或憧憬未来,我和班里36个学生一起写下了这本《班级日志》。

■ 忆《班级日志》之初印象

久闻学校各位初三班主任的威严，对于第一次当毕业班班主任的我，尤其是"柔性远远大于刚性"的我而言，心里很是忐忑。但是朱校长的一句话给了我前行的动力——"坚持自己的风格"。于是带着我的十分真诚，我走进了九年级三班。可是我发现现在的孩子和以前的孩子相比，似乎多了一些对人情的淡漠。我第一次当毕业班班主任所表现出来的人情味在某些学生眼里显得有些可笑，从业 8 年来，第一次感到作为一个教育者的悲哀和无能，也是第一次很想凭借自己渺小的能力改变一些事情，哪怕能影响的最多只有我的这一个班的学生而已！

一如既往地利用有限的班会课、我的语文课和学生交流我的思想，我努力告诉他们，我喜欢他们，我愿意和他们做朋友，我既可以是他们的老师，也可以是他们的母亲，甚至是朋友。但这样的交流时间实在不多，学生一边听一边就付之一笑，忘记了！后来，一个偶尔的机会，我在网上看见了"班级日志"这几个字眼，突然萌发出一个想法，何不借助这样一个平台尝试了解班级的细微动态，走进每一个孩子的心灵呢？当我向全体同学宣布要写班级日志时，有同学认为这是我又一次的"搞怪"。于是我编了一个善意的谎言："孩子们，写班级日志的理由其实很简单，就是想给你们，也给自己留下点儿不一样的东西，等到毕业后再回首，记忆或许随着时间的流逝而早已尘封，但这些鲜活的文字将成为大家最美好的回忆和见证。"在我激情洋溢、声情并茂的阐述中，大家决定先试试。

▍忆《班级日志》之再相识

一开始，我让班上每个同学轮流记录班级内发生的事情，而我跟着每天阅读，再传给下一个同学。可好景不长，《班级日志》居然坚持不下去了。难道就这样扼杀在萌芽之中吗？怎么办？我静静地坐在书桌前反思："只是记录班级事务是否过于单调""只在一旁静观能否向我坦言""没有及时地反馈能否达到效果""没有有效的监管能否坚持到底"……不行，必须重做调整。关于日记的内容，不能仅仅把班级日记当作说是非的地方和汇报当天生活状况的记事本，孩子们可以写对班级事务的看法，可以写家庭之间的琐事，还可以写自己的苦恼和快乐……总之只要是学生愿意和老师交流的内容都可以写；关于我的参与，学生在日记中提到的困惑和问题，我会在日记中一一给予回复，如果觉得特别复杂的问题，我会利用课余时间和学生面对面交流。关于有效监管，我让一名比较认真的学生替代我负责日志的流通；关于及时反馈，我尝试利用午自习前的 10 分钟让同学在班上读自己的日志，并适时点评……其实作为语文老师，我自然也有"私心"——让孩子们把每次的日志当成练笔的机会，尽情发挥；而我自己也可以通过这些文字，进入他们的世界，了解他们说不出的秘密，更好地融入他们、帮助他们。

几周之后，我突然发现孩子们长大了许多，班主任工作也好做了许多，连我自己也成长了。不仅如此，更让我感到欣慰的是——我终于赢得了学生们那一颗颗真诚的、坦然的心，这也是我以后的班主任生涯的宝贵财富。"亲其师，信其道"，通过班级日志我走进了学生内心世界和学生交朋友；"运筹帷幄，决策千里"，根据班级日志我调整工作策略提高班级管理效果；"勒兵列阵，一马当先"，通过班级日志我不仅提高了自身素质，还成为学生的表率……诸多诸多，我想我会受益终生！

▌忆《班级日志》之终回首

不知何时起，这本《班级日志》已不再是最开始时那"你推我我推你"的额外作业，而俨然成为生活中不可或缺的一部分。仍清晰地记得传递时孩子们如获至宝的微笑，下笔时孩子们的小心翼翼，破损时孩子们主动用透明胶贴修补的认真……这一切一切细微的举动足见它在孩子们心目中的珍贵地位。后来的后来，随着中考的临近，珍惜的情绪在字里行间弥漫，传递日志的频率也愈来愈快。是的，孩子们开始对它有了特殊的感情，临近初三结束，孩子们显得有些依依不舍，甚至纷纷表示想独自留下它，其实我何尝不想呢！于是，我又编了一个善意的谎言："孩子们，在即将离别之际，就当是你们送给我和下一届孩子们的礼物好吗？我会把我们曾经的日子、曾经的笑容和汗水……——讲给他们，并在他们身上延续……"一阵雷鸣般掌声之后，孩子们默许了，而我也流下了激动更是幸福的泪！

2012年6月11日，36个孩子带着梦想走上考场，而我也在那天为这本《班级日志》取名为《一起写日志的日子》，并写下这样几行字——"每个平淡的日子，都在这里，变成珍珠"。

转眼间，一年过去了，当我终回首，看着孩子们用风趣幽默的语言、胆大包天的评论和形式多样的文风，记录着成长中的滋味时，我不禁开始设想新的学年……那一年的历练，真的让我收获了许多。真得感谢学校在我经验尚浅时给我的这一次机会,真得感谢校长在我最困难时给我的那一席话语,真得感谢孩子们在我而立之年时给我的又一次成长,更要感谢自己在一念之间所成就的那一本《班级日志》!

捧着青春这块易碎的水晶心,我万分珍惜,万分小心。也许,我的呵护填平不了这其中的沟沟壑壑,但是,我愿意用我的手,把前面明媚的阳光,指给每一点瑕疵、每一道裂痕存在的角落!

▌日志选录

我亲爱的初三

2012 年 2 月 17 日　　星期五　　天气晴　　值日班长:孙然

刚开学,我就收到了一份特别的礼物——"老班"送的辅导书。翻开扉页,一张清新的绿色卡片掉了出来。捧着这卡片,我不禁念出老师的殷殷期望:"请相信努力和时光,如果你不信,时光第一个就会辜负你!"卡片后面用清秀的笔迹写道:"相遇是最美。"寥寥数语,勾起我对往昔的回忆。在这离别的夏天,在这触动心灵的瞬间,我的感动在眼里凝结成泪。感谢相遇,感谢有你有他。即使终有一别,也别辜负了相遇。也许我们终离别,散落两年春,天涯两散。但在这一刻,我还记得你们,还念着你们。

细数三年,最令我难以忘怀的还是参加集体舞活动的那次。因为它让我看到、体会到以及深切地感受到班级的温暖。可能就十几分钟,但举手投足间都表现出难以忽视的团结,那一瞬,所有人身上像是突然迸出了一种无比强大的力量。原来不知不觉中,我们已经这么默契。

默契是长时间的练习所磨炼出的,我们抽出了所有可以省下的时间来练习,一个动作都要排很久,大到整体、节奏、整齐,小到表情、心情、角度。我们从早到晚,从家到校,一遍遍练习……下雨了,我们就洒脱无比地在雨中跟着热烈欢快的节奏甩动着身体,雨再大也抵挡不住团结的力量,雨再大也遮不住我们纯真热切的心!当周围欢呼声响起,当热烈的掌声传到耳边,我们只相视一笑,然后继续舞动着,那时,我感到由衷的自豪!

这是时光留下的印记,冠以青春之名!但世上总要有离别,我们所能做的就是珍惜当下。面对紧张的中考,我会以百分之百的专注去学习,为未来拼搏!我亲爱的初三,加油!做个骑士,以梦为马。不忘初心,方得始终!

我的回复:有温度的文字最是温暖!感谢你为本学期的班级日志开了一个好头,不愧是 No. 1!感谢每个孩子为九三班的付出,为你们强大的集体荣誉感点赞!孩子们,中考就是一把梯子,双手插在口袋的人是爬不上去的,只有努力向上爬的人,才能到达顶峰!所以,在未来的日子里,请把这种爱拼敢闯的精神发扬下去!相信上天会看到我们的努力,会给我们最好的安排,加油!

神秘人的突然闯入

2012 年 4 月 16 日　星期一　天气晴　值日班长:神秘人

开头想了又想,还是以一句祝福开始吧!"愿每个人心想事成!"离开班级一个星期了,有很多话想要告诉大家,又有很多问题想要问大家。"你们还好吗?还在拼搏吗?还在为了一点作业忙到凌晨吗?"如果回答是,那我就太开心了。因为你们没有退缩,没有放弃,至少还在为了梦想刻苦努力。最近听说志刚体育考试失败。我不想说太多安慰的话,只想说:"你还有能力,不就是失败了,一切还没结束,离中考还有 40 天,拼了!不争口馒头,争口气,别让我瞧不起你。还有,听说你们最近状态良好,千万不要浮躁哦!已经到这地步了,没有必要放弃。为了家人,为了老师,为了自己,为了梦想,一定要放手一搏。启珍、志刚、昌明、阿森、铁牛、张越、凯文、聪哥、宏宇、腾飞、许乐、智文、刘健、张顺、大震、小震以及几位可爱漂亮的女生,希望你们同我们一起努力,为了梦想,拼了。"最后一段话写给任课老师,更重要的是写给"老班","你们辛苦了,你们的辛勤与泪水教育了我们。让我们懂得了知识,懂得了做人,更懂得了这份来之不易的友情。谢谢你们,希望你们天天开心、身体健康、心想事成"。

我的回复:为什么非要做这么让老师感动的事呢?亲爱的同学们,你们想象不到此时的我早已泪流满面了吧?真的,刚接你们时,只听说你们是一群多么让人头疼的孩子,真的没奢望过你们会有感恩之情、感谢之心。现在想说,我愿尽自己最大的努力爱护你们、帮助你们!还要感谢这位神秘人是宋文吧?谢谢你的神秘礼物,最美的礼物。愿我们每一个人心想事成!

九三班之我们的妈妈

2012 年 5 月 2 日　星期三　天气晴　值日班长:曲艳凤

这个家,已经匆匆走过将近一年,来得太迟,走得太快,还未来得及感慨,已经接近尾声。每个人都在长大,跟着这个家,随着这份感动,她一直是爱我们的,她说过,她把我们当成自己的孩子,她担心我们,照顾我们,给予了一个老师甚至是一个母亲能够给予的一切。仍记得某一个午后,大家都走了,她跟我谈心,她的眼中满是焦急和盼望。第一次知道了她的不安,我很心疼,看着她的泪水,我慌张地为她拭去泪水,接着自己也泪眼婆娑,就这样,静静地哭了很久。从她的眼中我知道,她从未放弃过我们,她真的真的把我们当成了自己的孩子,她是一个称职的母亲。呵呵,那么煽情,"老班"也不知有没有感动呢?(千万别哭哦,我们会心疼的。)老班多歇歇,别让自己太累。如果有如果,我还想再当您的学生,您的孩子。一句话一直未曾说出口:"妈妈,我们爱您!"

我的回复:亲爱的孩子们,谢谢你们的理解,成为你们的语文老师很幸福,成为你们的"老班"也很幸福,此时此刻,成为你们的妈妈最最幸福,为了你们,我无悔!还是那句老话,一起努力好吗?我永远是你们坚强的后盾!最后想对艳凤说,请原谅老师给你的种种"不公"的对待,凤,真的对不起!你懂老师的,对吗?

班主任班级管理特色

平度市崔家集镇崔家集中学　吴敬霞

多年以来,我一直积极思考如何做好班主任工作,并采取自主新型的管理方式,创建富有特色的班级,希望自己成为一名充满智慧,充满爱心的优秀班主任。下面,我就谈谈在自主管理,创建特色班级的具体做法。

▌特色之一:班级是家庭,自主来管理

班级就像一个大家庭,每一个同学就是这个家庭中不可缺少的一员。为了锻炼同学的能力,减轻班主任的工作压力,我们应该培养同学们的主人翁意识,让他们爱班级,乐于为集体做事,同时注意培养班干部,让他们自觉、主动地管理班

集体。

新接手一个班级，我在发现了班级管理的"苗子"以后，往往在同学们面前多给他们创造机会，展示他们的风采，在同学心目中树立他们的形象和威信，然后把这些"苗子"依照他们的特长让他们去分管班级的卫生、纪律、学习，让班干部做好各自分管的事情，比如，领早自习的同学处理好晨读的内容和纪律要求，知道怎样处理违反规定的同学是最合适的；管理卫生的同学对室内外分担区的打扫时间、要求都清楚，并负责安排值日生，检查班级的卫生；体育委员熟悉班级在学校的位置和队形的变化，负责体育课的队伍整理及清校带队等。另外，我在班上还设立"一日班主任"制，负责早操、集会等纪律，及时处理班上发生的小事情。这样，他们在老师指导下，就能分管好班级一天的管理工作。

但是，光几个班干部来管理班级还不够，必须要调动全班同学的积极性，让他们身上潜在的某一方面的优秀的因素得以表现出来，让每个同学都参与班级的管理。比如，心细的同学做班级的信息传递员，负责向老师和班委回报校园里的宣传栏里与班级活动相关的内容，责任心强的同学负责班级门窗的开关；某一课背书快的同学当这一课的背书组长，负责监督检查全班同学的背书情况等。这样，有能力的同学都利用起来，不仅使每个同学都有事做，还强化了同学们的集体荣誉感，使学生管理学生。

▌特色之二：抓习惯培养，促整体发展

一个具有良好班风班貌的班集体，一定具有凝聚力、吸引力，一定要给学生提供一个良好习惯养成的环境氛围。我通过抓学习习惯与行为习惯的养成，使我班的班风班貌得了

整体发展,每位学生都能把班集体的荣誉与自己的行为紧密结合,都想为集体争光。因此,学生不但成绩和学习习惯好,能力也得到了发展。

行为习惯上,三项竞赛是检验一个班级班风班貌的镜子,所以我力争规范学生日常行为,让他们在勤学、纪律、卫生方面均做到规范。我和全班同学一起制定班规,立下奖惩制度,按规定执行。在有同学做得不够好的时候,用集体舆论的力量对其进行教育纠正。因此,我班在校三项竞赛方面一直表现较好。

又如,在升旗、做早操和学校的各种大型活动中的表现。升旗时,我要求同学们站队要快、静、齐,人要站得挺直,要有饱满的热情和向上的精神;早操时,要求同学们每次都要争取以最快的速度站好队,动作整齐、标准。有了良好的行为习惯,学生受表扬的次数就多了,集体的自信心也强了。因此,在学校组织的各种活动中,我们都力争做到最好,不管参加什么活动、比赛,同学们心里都有一个信念:"我要为集体争光。"

学习习惯上,我要求学生在课堂上"学会倾听",尊重老师的劳动,尊重知识,遵守纪律,要求学生要放得开,收得住,上好每一节课;作业方面,要求学生按时认真完成;早读课,在老师来之前,要求学生能自觉主动地看书、练字、背诵;午休时,要求学生认真复习功课,做作业。

▌特色之三:多开展活动,重能力培养

青少年学生正在长身体、学知识时期,他们精力旺盛,求知欲强。为了丰富同学们的课余生活,锻炼学生各方面的能力,陶冶学生的情操,我还策划了很多的活动,"寓教于乐"。

节日到来,可以开展节庆活动,比如,妇女节组织开展"我和妈妈"征文比赛、为妈妈制贺卡、为妈妈洗脚活动等;清明节开展"继承革命先烈,做新世纪小主人"讲故事、演讲比赛;国庆节开展"手抄报"制作活动、"颂祖国"诗歌朗诵会等。平时可以开展主题班会、辩论会、跳绳比赛、下棋比赛、课本剧表演、故事演讲、社会调查、劳动、参观、访问、科技活动等等。这些活动,由班干部们自己组织,班主任做适当指导,队员们全面参与,各显其能,既锻炼了能力,又给班级带来了活力,还给同学们带来了很多快乐!

▌特色之四:重情感交流,师生乐融融

没有交流,就没有教育,就没有感悟,就没有情感。

走近学生,和每一个学生成为朋友,让他们尊重我,喜欢我,理解我。就像一首歌里唱的那样:处处为你用心,一直最有默契,请你相信这份感情值得感激。

日记是我和学生交流的主要渠道。我要求学生每周写三篇日记,有一篇是写给老师的心里话,每个星期一我都会在学生的日记上认真地写上评语。现在,学生已经习惯在日记中和我交流了,而且,他们的日记也写得越来越好了。这样,既可提高学生的写作水平,又开辟了一条师生沟通的渠道,同时增进了师生的感情。学生有了说心里话的地方,感情也就有了归属。

另外,我注意抓住一切可以利用的时机与学生沟通,比如,注重利用课间和学生一起游戏,谈笑;利用午饭的时间和学生一起沟通思想,了解情况。利用放学后的时间和学生谈心,交流;学生病了,我组织学生去看望他,送作业,辅导课,利用休息时间去看望他;学生打架了,我会静下心来了解情

况,把事情交给学生自己处理,往往会有意想不到的效果;学生吵架生气了,我会给他们讲故事、读文章,使他们懂得友谊的珍贵……

这样,我与学生共同感受学习的过程,共同感受同学的情谊,共同感受生活的美好,共同分享学习的快乐,共同分享友情的快乐,共同分享成功的喜悦。

▌特色之五:栽下"成长树",创建新型评价体系

受西安一位老师"快乐的苹果树"活动的启示,针对我们班的实际情况,我尝试开展了以"我和小树一起成长"为主题的"成长树"活动,形成一套新型立体的评价体系。

布置教室时,我和学生一起用彩色纸做一棵"成长树",贴在教室的墙面上,每一片树叶就代表一个同学。动员大会时,让他们认真地将自己的名字写在树叶上,并将这片树叶贴在"成长树"上,仿佛种下了一个小小的希望。

我还让孩子们自己动手制作了一些"快乐果",并在上面写下自己的缺点和对自己的希望,这些写满缺点的特殊的"快乐果"暂时由我来替孩子们保管,只要他们改掉了上面所写的缺点,就可以取回自己的"快乐果",贴在"成长树"上。

因为"成长树"强调学生自己和自己做纵向比较,不仅那些学习成绩优异的学生有"快乐果",每个有进步、有发展的学生都有属于自己的"快乐果",都拥有属于自己的那份成长的喜悦。这样,可以使每一位学生的闪光点在树上闪烁,使每一位学生都能体验到成功,增强自信。到"成长树"上面去挂"快乐果",使学生永远对自己充满了期望,促使他们不断矫正自己的行为,为自己确定新的目标,激励自己不断努力。

▌特色之六：与家长沟通，共同教育孩子

做好班主任工作，和家长的沟通很重要。班主任面对着如此众多的家长，他们来自社会的各个阶层，不乏各种人才，他们对孩子的教育也很有经验，其发挥的参与作用是不可低估的。

为了加强和家长的联系，我和家长建立了"家校联系卡"，定期、不定期地与家长交流。当学生取得进步时，及时向家长报喜。我经常会通过打电话或把孩子进步的具体表现写在小纸条上的方式跟家长沟通，传达老师对学生的爱。当学生有错，与家长取得联系时，以商量谈心的方式来交流教育孩子的得与失，共同商定改正的计划，但不要把学生的错误转嫁给家长。对于学生的学习，不给家长增加负担，但可以和家长商定进行必要的检查。这样，家长就会与我们一起，同心同德育人教子。

班主任工作是很有挑战性的工作，每一个学生都是一个世界，要想成为每一个学生的朋友，要想得到每一个学生的信任，需要付出很多心血。但是，这一切都很值得，因为，你得到的将是一个美丽的世界！

我的班级管理之道

平度市崔家集镇崔家集中学　吴敬霞

世界也许很小，心却很大。班主任是在广阔的心灵世界中播种耕耘的职业，这一职业是神圣的。我们不能把学生当作没有思想、没有感情的被动的受管理者，而应该把他们当作有思想、有意志、有情感的主动发展的个体。成功管理的

171

前提是尊重他们的意愿,尊重他们的人格,把他们当作实实在在的人。

现在媒体开放了,社会多元了,我们现在所教的学生不比从前了。这就要求我们老师在实际的教育教学工作中,必须采用新的教育理念与新的教育策略。只有这样才能适应现在这个新形势,明确新任务,形成新思路,采取新举措。因此,每位班主任必须要站得高,望得远,努力提升自己的人格魅力。仔细想想:现在的老师不比从前,我们担负的不仅仅是教会学生学习知识,更重要的是,我们要培养学生优秀的品质、健全的人格。这就需要我们每位班主任老师一定要成为学生的榜样与楷模,让他们感觉自己的老师很了不起。无论是学识,还是做人,他们的老师的确值得学习!是啊,当我们无法改变环境时,让我们去适应它!学生对老师的唯命是从已经成为历史,老师的权威又该如何树立?老师要提高自己的品位,凭借在学生心中的威信来成为他们的表率!成为他们最值得信赖的朋友!所以,我们这些班主任,要与学生建立和谐融洽的关系,才会使学生真正信服!要做到这些,我主要从以下几方面来努力。

第一,关注学生的内心世界,站在学生的角度,研究学生的心理,采用适合学生的方式与方法。

对于现在的学生来说,智力不是问题,这就要求我们的老师,尤其是班主任老师,必须要关注学生的内心世界。在实际的教育教学的过程中,特别是在处理学生问题的时候,必须要站在学生的角度,研究学生的心理,采用适合学生的方式与方法。否则,尽管你的出发点是好的,但你是站在了自己的角度,没有站在学生的角度,这样一来,站位就站反了,站位站错了,结果只会在一定程度上给学生造成伤害,学生和学生家长自然也就不买你的账。为了更好地了解学生的心理，2016年我考取了国家二级心理咨询师。当接到一个新的班级的时候我就告诉他们："你们跟其他的同学不一样，你们能分到我的班级太幸运了，因为你们的班主任是国家二级心理咨询师，全校就我一个，所以当你们有什么烦恼和困惑的时候尽管找我，我会科学客观地给你们合理的建议。"我的一些荣誉称号也都告诉他们，先让他们增加优越感。过两个周再告诉他们："同学们，我觉得我也很幸运，经过这两个周的观察，我发现我们班同学可塑性很高，素质也很高，我感觉好学生都分到我的班里了。我对我们班级的发展充满了信心，同学们，你们有没有信心？"这时候，孩子们会大声告诉我："有！"

第二，用对方法做对事：开展赏识教育，激将法过时了，批评也绿色。

传统意义上的教育：严师出高徒，棍棒出孝子。新课程理念下的教育：从尊重和赏识开始。因此，新形势下，要想做好班主任工作，首先要解决认识上的问题。

所有难教育的孩子，都是失去自尊心的孩子；所有好教育的孩子，都是有着强烈自尊心的孩子。每个孩子都有成功的潜能，每个孩子都有成功的愿望。赞赏孩子，鼓励孩子，是师生情感的催化剂，是激发学生学习内在的动力。好孩子是夸出来的，不是批出来的。初二年级的大孩子，在开家长会之前，一个个颠颠儿地跑到我跟前，笑眯眯地求我："老师，开家长会多表扬表扬我啊。"所以我的家长会从来都不是"批斗大会"，有问题我会单独找家长，当然一般情况下我是不找家长的。在实际的教育教学的过程中，我们要用放大镜找学生的优点，发现每个学生的优点，开展赏识教育。对于后进生,我们可以不赏识他,但必须接纳他,因为他是我的学生,是一个还没有长大的未成年孩子。

当觉得非要批评学生不可的时候,你不妨先想一想以下几个问题,想明白后,也许会找到更好的教育方法。

1. 我们是否把学生放在与自己平等的地位来考虑他们的问题?

2. 我们的语言行为是否掺杂了自己的非正常情绪?

3. 我们这样做是在解决问题呢?还是在满足自己的某种心理需要?

第三,班主任必须正确处理好与学生家长的关系。

我们教育工作者,追求教育的是合力效应,需要家长的密切配合。我们一句话不注意,家长就会不"买账",这样就使我们的辛勤劳动付诸东流。有些老师,一天忙到晚累得要命,反而觉得学生越教越难教,越教越烦心。那么我们是不是该好好反省自己的教育行为呢?

1. 家长到底支持不支持我们的工作?

2. 家长到底配合不配合我们的工作?

3. 学生家长对班主任老师的认可程度怎样?

其实这些都取决于老师自己的教育行为,因此第一次家长座谈会一定要开出水平。

4. 遇到偏激难缠的家长,你该怎么办?

遇到偏激难缠的家长,一定要讲究策略。那就是永远站在学生的角度。

第四,重视问题学生的教育。

1. 要练就读懂学生的意外举动的本领。

随着人们生活水平的提高,在初中学生中甚至小学高年级学生中,时常会出现一些青春冲动的行为。作为老师,尤其是班主任一定要认识到这与道德无关，只是一种青春的冲动，不必大惊小怪，只需做好教育和引导即可。

2. 摆正心态，要像过日子一样做教育。

新课程理念告诉我们，生理遗传决定每个孩子都有成功的潜能，只是表现的领域不同。作为一名教育工作者，我们在实际的教育教学的工作中，要尊重学生的差异与个性特点，把握"教育是在原有基础上进行完善与提高"这样一个原则。只要你明白"你不能让西红柿的苗子结出苹果来"这样一个道理，你就不会犯急躁。对于现在的班主任来说，关于班级管理的方式和方法已经不成问题，成问题的是老师的心态。我们的心态对于我们所要采取的教育行为有重要影响，要像过日子一样做教育（相信一天会比一天好）。

第五，心态决定一切，阳光生活每一天。

从某种意义上说，教师具有自信、乐观、坚强的心理素质有时比健康的身体素质更能影响学生的成长。试想，一名自卑、怯懦的教师又怎能培育出自信、坚强的学生呢？因此，作为老师，首先必须是一个自信、乐观、坚强的人。遇到困难不退缩，知难而上，要有敢为人先、勇于创新的精神，这样才不致在教育改革的大潮中湮没。

教师职业倦怠已成为不争的事实，教师的工作难度之大，遇到问题之多，思想负担之重，是局外人难以想象的。这时最有效的方法便是自我调解。永远不要心存抱怨，要当班主任，而且要当好班主任，这才是我们应该有的积极的心态，有了这样的心态，就能阳光生活每一天。

纠错本的使用建议

青岛市崂山区第七中学 杨化涛

浙江省文科状元陈杭霞在接受记者采访时说："我之所以能取得这样的成绩，主要原因之一就是我为各科都准备了一个错题本，上面记录着我在学习过程中碰到的所有做错的题目，不仅有题目的解答，还有当时为什么会做错的原因以及对自己的提醒。"

先认识一下学习的三重境界，可以用以下逻辑关系来表示：

看与听—接收信息—识得—知识层面—知识—知。

练与用—模仿行为—习得—能力层面—技能—术。

思与想—主动内化—悟得—思想层面—智慧—道。

关于纠错本的使用，可以从下面四个方面进行：错因总结、反思感悟、定时回望、他山之石。

▌错因总结

如何处理做错的题目。把做错的原题在纠错本上原原本本地抄一遍或剪下来贴在纠错本上，并把原来错误的解法清晰地摘要在纠错本上。我的建议是减下来贴在错题本上，主要是为了节约时间，有的同学可能觉得把书剪掉非常可惜，实在是不舍得，那就抄下来。如果是试卷，大可不必保留，因为不管是高一高二还是高三，老师都会在每个不同的时间段安排好不同的任务，也会发放不同的学习材料，存放试卷不但占用时间，而且在每张试卷上翻阅错题也相当费时。所以，及时抄下来或者剪贴在错题本上集中起来是一个非常好的选择。

必须有正确的解题思路。听老师讲解出正确答案后，要按老师讲的正确思路，一步一步规范地把原题重做一遍，以便加深印象和逐步形成能力。

▌ 反思感悟

总结根本错因、反思与感悟。这一步相当重要。记下错解与正解，只是达到学习的"识得"这一层次，我们在听课的过程中只是认识到了自己的岔路，老师讲完了，也只是自己跟着老师重走了一遍，到了岔口到底往哪个方向前进，自己仍然不知所向，这也是有很多同学的困惑，感觉上课都能听懂，可是自己做题的时候老是做错。其中原因就在于听课的过程只是跟随，没有发挥自己的主导作用。如果此时记下正确的解法，也只是对老师的一种简单模仿，只能算作"识得"。所以我们应该在每道题后简单写一下自己的反思和感悟，前事不忘后事之师。

如何反思和感悟呢？我们可以让学生"三问"自己。

第一问：到底是哪个环节把我卡住了？

第二问：为什么会把我卡住？我应该朝着什么方向思考？

第三问：以后遇到类似的问题还会不会把我卡住？有没有切实有效的解决方法？这一类的问题还会有哪些变式？我应该怎么办？

注意：在此过程中，少问"为什么"，多问"怎么办"，不要总是埋怨自己，因为问题属于过去，解决方案属于未来。也就是说，我们不寻求责备，我们致力于解决方案。

最后，标注纠错时间，并醒目备注"回望日期"。

▌定时回望

在"回望日期"重做一遍此题，如果做对了就做好标记（打个√）。如果没做对，重复上一步，记录反思与感悟。在之后的一个月内，有意识地寻找相似题型进行对比，进行变式训练，强化知识。举一反三、触类旁通。

▌他山之石

让学生与同学交换纠错本进行学习，积累月之经验，博众家之所"短"，在别人的错误里吸取教训，查漏补缺，避开雷区，并留下"友情提示"，互致心得，互相借鉴，互有启发，在"错题"中淘"金"，以便共同提高。

最后，如果错题积累到一定程度，可以把所有错题统计一遍，此时要对照课本的目录，针对每一个错题所涉及课本的章节，在每个错题对应的章节目录上打个钩，等到所有的错题都在相应的章节上打钩以后，看看哪个课本目录中哪个章节的钩号最多，那就是学生的最薄弱之处，这种方法一目了然，此时学生就明白学习的重点和难点在哪了，再也不用为周末和假期无事可做而发愁了。

有一位江西的高考状元说得好："做错一道题比做对一百道题更有价值。"每个不曾起舞的日子，都是对生命的辜负。劝学生珍惜时间，提高效率，用好纠错本，都可以决胜高考！

高(初)三静悟的几点做法

青岛市崂山区第七中学　杨化涛

一、静中有悟，严抓纪律保证质量

静悟期间的适度放松不等于松懈，要充分利用好考前有限的时间，针对班里的具体情况，班主任不能放松对常规和纪律的要求，必须保证自习和午晚睡得安静。

例如，两个静悟教室的分配我还是按照原来的学习小组，每个教室有六个小组分成六个区域，划片自治，学习小组长和纪律小组长各负其责，另外根据具体情况成立互助小组和互助小队，整个教室形成一个有机的整体，相互牵制，相互监督。每个教室分配一个纪律委员，负责每天晚自习的课前一分钟提醒。英语课代表每天晚饭后6：15摁下录音机的按键听听力，卫生委员负责安排每天的值日表格上墙等。

二、点面结合，指导学生做好规划

静悟对于学生来说，是第一次，根本没有经验，所以首先班主任要强调回归课本。将课本上的基本知识点、基本学科思想方法、基础知识框架再理顺一遍。

其次，还要有针对性地进行个别指导，不能一概而论。基础知识比较好的，梳理基础知识这一块时间可以压缩一下，多看错题，将同类型的题目的解题思路、注意问题等进一步强化熟练，将以前常出错的题目再分析分析，理解错的原因，避免再出现同样错误；基础差的，必须抓死抓牢基础知识，巩固基础知识是最大的任务。

第三，静悟计划和小结每晚放学后贴到后黑板相应位置，班主任要每天检查，及时发现学生静悟过程中出现的问

179

题,进行有针对性的个别谈话,调整方向。

例如,去年 09 级 4 班的静悟计划反馈,阶段性地挑选不同层次的学生进行分析和研究。

收获:

1. 通过同类型的题目进行专题研究,如化学实验部分、数学数列解析几何立体几何、物理的受力分析等,找到了方法和思路。

2. 发现不懂的地方变多了,这其实是一种进步。

3. 周围环境的变化,认识到了更多同学的优点,有利于自己进步。

4. 做题审题方面有了很大进步,原来做题着急,现在心态平和了很多。

5. 每天进行计划,感觉很充实。

不足之处:

1. 数学运算能力下降,计划完不成。

2. 静悟期间的心情随考试而变化,心理落差大。

3. 静悟材料和错题本看不完。等等。

三、心理调适,顺其自然为最佳

在高考前夕,心理调节已经成为决定成败的重要因素,目前高三仍然流行"大考大玩,小考小玩,不考不玩"的观点,在"静悟"期间,必须给学生做好心理调适。提醒学生在考前不要刻意揣摩自己的感觉,顺其自然最好,一定不要刻意追求心静如水,因为心情不是调节温度,难以那么控制精确,只要考前保持顺其自然,就自然会平和。同时,面对高考这个应激事件,没有人不紧张,紧张是常态,适度紧张反而有利于考生超常发挥。

班主任可以适当指导学生针对心理焦虑的干预方法,寻找导致焦虑的潜在信念,与这些不良信念辩论。

举例:

1. 别人都在学,就我学不进去。

自我辩论:你普查过了? 你怎么知道大家都能学进去? 每个人都有学不进去的时候,不要总把别人想象得很好来吓唬自己。

2. "一模""二模"与高考相当,"一模""二模"考不好,就预示着高考不理想。

自我辩论:高考是一次独立的应试过程,跟模拟考试没有必然的联系,我们要利用模拟考试找问题,然后有的放矢地解决问题,高考的胜算把握就会增加。

3. 如果考不上理想的大学,我就不会成功。

自我辩论:理想大学是成功和幸福的保障吗? 一流大学毕业的人都一生幸福而且成功吗?

4. 考不上理想大学,周围人会怎么看我,父母会失望,老师同学会小瞧,我无法承受这些。

自我辩论:连别人的冷眼都不能承受的人,就算考上了大学又能有多大的出息呢?

5. 我是个易紧张的人,一到高考前紧张。

自我辩论:紧张对高考一定不利吗? 就算我是个易紧张的人,但这么多年无数次的考试我不都挺过来吗? 我相信高考时别人也紧张,否则还要心理老师做考前辅导干什么?

最后,利用好问题答疑卡,资源共享,同时提醒学生有意识地调整生物钟,让自己的最佳状态尽量和高考时间一致。